Stb

Dr. med. Gerald G. Jampolsky war Psychiater am Medical Center der Universität von Kalifornien in San Francisco. Nach einer tiefgreifenden Lebenskrise gründete er das Center for Attitudinal Healing in Tiburon, Kalifornien, dessen Arbeit mit Schwerstkranken, vor allem Kindern und Jugendlichen, inzwischen zur Bildung eines Neztwerks ähnlicher Einrichtungen im ganzen Land geführt hat.

Eine positive Lebenseinstellung kann helfen, Krankheiten zu überwinden oder Schicksalsschläge wirksam zu meistern. Gerald G. Jampolsky vermittelt in diesem Buch seine persönliche und ärztliche Erfahrung und zeigt, wie Krisen zu Chancen werden, wenn wir lernen, unsere innere Haltung zu ändern und es wagen, unsere Angst loszulassen.

In einem 12-Stufen-Programm verändern wir Schritt für Schritt unser psychisches Wachstum und finden zu einer Einstellung, die zu innerer Heilung und zu einem nie gekannten Frieden führt. Diese Kraft basiert auf Liebe und Vergebung, sie ermöglicht vorbehaltloses Geben und Annehmen seiner selbst und anderer. In vielen bewegenden Beispielen aus seiner Praxis zeigt Gerald Jampolsky beispielhaft, wie unterschiedliche Menschen diese 12 Prinzipien praktizieren, zu tiefem Verständnis füreinander gelangen, psychische und physische Gesundungsprozesse erfahren und somit über sich selbst hinauswachsen.

Gerald G. Jampolsky

Was heilt ist die Liebe

12 Schritte zu innerem Frieden

Aus dem Amerikanischen
von Susanne Schaup

Stb

Originaltitel: *Teach Only Love. The Twelve Principles of Attitudinal Healing*

ISBN 3-89767-509-9
ISBN ab 2007: 978-3-89767-509-4

Umschlaggestaltung: Murat Karaçay
Satz: Elke Truckses
Herstellung: Reyhani Druck und Verlag, Darmstadt

www.schirner.com

Dieses Buch ist meinen lieben Freunden Ted und Vada Stanley gewidmet, die für mich da sind und deren Freundschaft, Liebe und Unterstützung ich nach all den Jahren weiterhin zu schätzen weiß.

Quellenangaben

Zitate auf den Seiten 22 (jeweils aus: *Ein Kurs in Wundern*, 4. Auflage 1999, Textbuch, S. 94); Seite 25 (Übungsbuch, S. 454); Seite 29 (Textbuch, S. 63); Seite 30 (Textbuch, S. 121); Seite 95 (Textbuch, S. 3); Seite 116 und Seite 214 (Übungsbuch, S. 387); Seite 182 (Textbuch, S. 28); Seite 215 (Übungsbuch, S. 391). Der Abdruck erfolgt mit freundlicher Genehmigung des Greuthof Verlags, Gutach i.Br.

Inhaltsverzeichnis

Danksagung

Ich möchte Gayle und Hugh Prather meinen tiefsten Dank aussprechen für all ihre Hilfe bei beiden Ausgaben dieses Buches. Und meiner Frau Diane Cirincione danke ich für ihre liebevolle Unterstützung, ihre unschätzbaren Gedanken, und weil sie immer für mich da ist.

Außerdem möchte ich William Thetford, Jules Finegold, Mary Abney und Patricia Hopkins für ihre redaktionelle Hilfe bei der ersten Ausgabe danken.

Judy Skutch Whitson und Robert Skutch von der Foundation for Inner Peace bin ich dankbar für die Erlaubnis, aus *Ein Kurs in Wundern® (A Course in Miracles®)* zitieren zu dürfen. Die Zitate sind mit Sternchen gekennzeichnet. Vor allem bin ich dankbar dafür, dass *Ein Kurs in Wundern®* dieses Buch inspiriert und beeinflusst hat. *A Course in Miracles®* ist eine Publikation der Foundation for Inner Peace, P.O. Box 598, Mill Valley, California 94942-0598. Die deutsche Ausgabe erschien im: Greuthof Verlag und Vertrieb GmbH, Herrenweg 2, D-79261 Gutach i.Br.

Vorbemerkung des Autors

Vierundzwanzig Jahre sind vergangen, seit das erste »Center For Attitudinal Healing« (Zentrum für Innere Heilung; www.healingcenter.org) in Tiburon, Kalifornien, eingerichtet wurde, und siebzehn Jahre seit dem Erscheinen der Erstausgabe von *Teach Only Love (Wenn deine Botschaft Liebe ist).*

Was geschah in den Jahren danach? Für mich persönlich haben sich viele wunderbare Dinge ereignet, von denen ich mir vor vierundzwanzig Jahren nichts hätte träumen lassen. Die Grundsätze der *Inneren Heilung* und die Geschichten in diesem Buch, die sie demonstrieren, stehen noch immer für sich als Zeugnisse für die Macht der Inneren Heilung. Sie gehen nicht nur diejenigen etwas an, die von der Katastrophe einer schweren Krankheit betroffen sind, sondern umfassen alle Aspekte unseres Daseins.

Doch seit der Erstveröffentlichung dieses Buches wurden die ursprünglichen sieben Grundsätze auf zwölf erweitert, und diese neuen Grundsätze sollen in dieser Ausgabe dargelegt werden. Außerdem habe ich einen Abschnitt über Tod und Sterben sowie einen über meine Erkenntnisse über Gott hinzugefügt.

Das ursprüngliche Zentrum in Tiburon ist weiterhin gewachsen und musste schließlich in größere Räumlichkeiten in Sausalito, Kalifornien, umziehen – ein leer stehendes Schulhaus, das sich als ideale Heimstätte für uns erwies. Wir verfügen jetzt über mehr als dreihundert ehrenamtliche und einhundert professionelle Helfer *(facilitators)* für mehr als neunundzwanzig unterschiedliche Gruppen, die sich jede Woche treffen. Es gibt eine große Pflege- und Krankenhausabteilung, und unser Zentrum ist auch in Grundschulen und mittleren Schulen tätig, deren Kinder und Lehrpersonal diese Grundsätze in ihrem täglichen Leben einsetzen.

Seit 1982 arbeiten wir mit Erwachsenen und Kindern, die Aids haben, sowie mit Kindern, deren Eltern an Aids erkrankt sind. Wir haben ein Poster geschaffen, das international Verwendung findet – mit einer Zeichnung von Jack Keeler, die einen Jungen darstellt, der sagt: »Ich habe Aids. Bitte, umarmt mich. Ich kann euch nicht anstecken.« Es gibt auch Selbsthilfegruppen für Kinder und für Erwachsene über den Umgang mit Verlust und Trauer. Außerdem leistet das Zentrum aktive Arbeit in Strafanstalten.

Meine Frau und ich sind – öfters in Begleitung von einzelnen Mitarbeitern – in Länder wie Russland, Kroatien, Argentinien, Chile, Australien, Neuseeland und Hawaii gereist, um Workshops abzuhalten und Krankenhäuser und andere Einrichtungen zu beraten. Gemeinsam mit anderen Zentren sind wir bei Katastrophen eingesprungen, wie beispielsweise bei dem Bombenattentat auf Oklahoma City, und wir haben Selbsthilfegruppen zur Unterstützung ebenso wie für Verlust und Trauer eingerichtet.

Wir bieten ein umfangreiches Ausbildungsprogramm für ehrenamtliche Helfer, aber auch für andere Gruppierungen an. Beinahe die Hälfte der Leute, die in unser Zentrum kommen, nehmen an unserem »Person-to-Person«-Programm teil. Diese Menschen sind nicht von einer schweren Krankheit betroffen, sondern sie kommen, um zu lernen, wie sie Liebe und Vergebung als Grundsätze des inneren Heilens in ihrem eigenen Leben anwenden können. Das Zentrum bietet weiterhin ganzjährig dreitägige Workshops über Innere Heilung an.

Zu meiner Verblüffung gibt es jetzt mehr als 150 Zentren oder Gruppen auf der ganzen Welt, unter anderem an so unterschiedlichen Orten wie Ghana, Westafrika, Neuseeland, Australien, die Niederlande, Belgien, Schweiz, Italien, Argentinien, Brasilien, Russland, Deutschland, Kroatien und vielen anderen mehr. Wie im Zentrum von Sausalito sind alle ihre Dienstleistungen gratis.

Inzwischen gibt es eine eigene Organisation, das »Network for Attitudinal Healing, International« (Internationales Netzwerk für Innere Heilung), das als Brücke zur Verbindung der verschiedenen autonomen Zentren und als Quelle für den Austausch von Information und Ideen dient. Diese Organisation ist auch bei der Koordination einer internationalen Tagung über Innere Heilung behilflich, die alle zwei Jahre abgehalten wird und im Zentrum von Sausalito stattfindet.

In unserem Zentrum sind wir nicht der Ansicht, dass wir dazu da sind, Menschen zu verändern oder ihnen zu sagen, wo es langgeht. Wir sind alle um unserer eigenen Heilung willen hier und weil wir lernen wollen, das loszulassen, was unsere Erfahrungen von Liebe blockiert und uns hindert, Seelenfrieden zu finden.

Wir glauben, dass wir zuerst unser eigenes Herz und Gemüt heilen müssen, bevor wir der Welt, wie wir sie vor uns haben, Heilung bringen können. Wir sind absolut davon überzeugt, dass das wichtigste Geschenk, das wir einem anderen Menschen machen können, in unserem eigenen inneren Frieden und unserer bedingungslosen Liebe besteht. Wir glauben, dass wir durch Vergebung unsere selbst erzeugten Blockierungen der Liebe beseitigen und diesen Frieden erlangen können.

Dr. med. Gerald G. Jampolsky, Dezember 1999

Einführung

Wenn wir durch den Geburtskanal in die Welt eintreten, ringen wir verzweifelt nach Atem. Die meisten von uns gehen durch das Leben, indem sie ständig weiterringen, und fühlen sich ungeliebt und einsam. Allzu oft haben wir Angst – Angst vor Krankheit und Tod, Angst vor Gott, sogar Angst davor, unser Leben fortzusetzen. Oft verlassen wir die Welt genauso, wie wir in sie eingetreten sind, verzweifelt nach Atem ringend.

Ich glaube, dass man das Leben auch auf eine andere Weise betrachten kann, die es uns ermöglicht, mit Liebe, in Frieden und gänzlich ohne Angst durch dieses Leben zu gehen. Dazu braucht es keine äußerlichen Kämpfe, sondern nur, dass wir uns selbst heilen. Dies ist ein Prozess, den ich »Inneres Heilen« oder »Heilen von inneren Einstellungen« nenne, weil es sich um einen inneren, vorwiegend psychischen Prozess handelt. Richtig angewandt, glaube ich, dass er jedem Menschen, wie immer seine Lebensumstände beschaffen sein mögen, die Möglichkeit gibt, die Freude und Harmonie zu erfahren, die jeder Augenblick enthält, und seine Reise auf einem Weg der Liebe und Hoffnung anzutreten.

Die Psyche lässt sich umerziehen. In dieser Tatsache liegt unsere Freiheit. Gleichgültig, wie oft wir diese Freiheit missbraucht haben, können wir unseren Willen auf eine so positive Weise einsetzen, dass sie anfangs alle unsere Vorstellungen übertrifft. Vor der Umerziehung der Psyche sieht es jedoch so aus, als bestünde sie aus lauter fest verschlossenen Schubladen. Wir spüren zwar unser Potential, aber es verbirgt sich hinter »verschlossenen Türen«. Wie Sie sehen werden, wenn wir unsere Reise zusammen fortsetzen, sind diese Blockierungen in Wirklichkeit nur innere Einstellungen, die der Heilung bedürfen, und weil es sich lediglich um selbst gewählte Einstellungen handelt, können wir sie auch ändern. Mit jeder kleinen Änderung springt eine weitere »Tür« auf. Zu Anfang fühlen wir uns wie in einer Falle und außerstande, unseren Beschränkungen zu entkommen, aber wenn wir eine »unbrauchbare« Einstellung nach der anderen ablegen, sehen wir deutlicher, dass unsere Psyche von vornherein nie in solche Schubfächer hätte eingeteilt werden sollen. Unser gesamtes Potential war immer zur Hand, weil unsere Psyche ein Ganzes ist. Die einzigen Barrieren zu unserem Glück sind von uns selbst errichtet.

Unsere Einstellung bestimmt, ob wir Frieden erleben oder Angst, Freiheit oder Einschränkung, und sie bestimmt weitgehend, ob wir gesund oder krank sind. Dieses Buch handelt von Liebe in ihrer wahren, spirituellen Bedeutung. Liebe ist vollkommenes Annehmen und vollkommenes Geben – ohne Grenzen und Vorbehalte. Liebe ist die einzige Realität und als solche unwandelbar. Sie kann sich nur ausdehnen und größer werden. Unendlich und schön entfaltet sie sich aus sich selbst. Die Liebe sieht jeden Menschen als makellos, denn sie erkennt das Licht in einem jeden von uns. Liebe ist die völlige Abwesenheit von Angst und die Grundlage jeder Inneren Heilung.

Wenn Sie sich von Schmerz, Depression, Leid und Angst frei machen wollen, um die Liebe zu erfahren, ist es sicherlich kein Zufall, dass Sie und ich uns durch dieses Buch gefunden haben. Wenn Sie irgendwie so sind wie ich, wundern

Sie sich wahrscheinlich, wenn Sie auf Ihr Leben zurückblicken, wie viel von Ihrer kostbaren Zeit Sie in Angst verbracht haben und damit, Angst statt Liebe an den Tag zu legen und zu lehren. Dieses Buch handelt davon, was viele in unserem Zentrum für unseren Daseinszweck halten – nichts anderes zu lehren als Liebe.

Ich werde Ihnen über die Grundsätze schreiben, die ich in meinem Leben immer konsequenter anzuwenden suche. Auf sie habe ich das »Center for Attitudinal Healing« gegründet. Ich werde Ihnen erzählen, auf welche Weise die Kinder und Erwachsenen, die dorthin kommen, mich gelehrt haben zu lieben und wie Sie und ich in jeder Schwierigkeit, die uns begegnet, auf diese Liebe zurückgreifen können.

Möge die Lektüre dieses Buches Ihnen helfen, die Liebe zu lehren, so dass sie zum Pulsschlag Ihres Lebens wird und zu dem Lied, das Sie singen, bei allem, was Sie tun. Und möge die Botschaft der Liebe Sie zu dem Menschen erwecken, der Sie eigentlich sind, und zu der Liebe, die grenzenlos und immerwährend ist, einer Liebe, die sich immer weiter aus sich selbst entfaltet und ausdehnt.

Ich wünsche Ihnen, dass Sie beim Lesen Glück und Frieden empfinden mögen.

1
Innere Heilung

- Gibt es eine andere Art, die Welt zu betrachten, die unsere Lebenserfahrung verändert?
- Ist es möglich, Angst und Konflikte vollkommen loszulassen?
- Ist es möglich, schmerzhafte Gedanken und Einstellungen zur Vergangenheit zu heilen und uns selbst und anderen Frieden zu bringen?
- Ist es möglich, allen zu vergeben, die uns nach unserer Ansicht verletzt haben, und uns selbst zu vergeben für die Fehler und die Schamgefühle, die wir bezüglich der Vergangenheit empfinden?
- Können wir wirklich zu Frieden und Glück gelangen, während wir in einer Welt leben, die so chaotisch und verrückt erscheint?
- Können wir alle selbst geschaffenen Blockierungen der Liebe beseitigen und den Menschen kennen lernen, der wir wirklich sind, und ihm vertrauen?
- Können wir unser Leben einfacher machen, indem wir erkennen, dass es nur zwei Emotionen gibt – Liebe und Angst?

Die Heilung der inneren Einstellung beantwortet alle diese Fragen mit einem vorbehaltlosen, enthusiastischen »Ja«.

Was ist Innere Heilung?

Innere Heilung geht davon aus, dass es nicht Menschen oder äußere Umstände sind, die uns beunruhigen. Vielmehr werden unsere Konflikte und unser Leid von Gedanken, Gefühlen und inneren Einstellungen zu Menschen und Ereignissen hervorgerufen. Innere Heilung heißt, Angst und unsere negative Gedanken aus der Vergangenheit loszulassen.

Innere Heilung gibt uns die Möglichkeit, unsere falschen Wahrnehmungen zu korrigieren und die inneren Hindernisse zum Frieden zu beseitigen. Dies beginnt mit der Bereitschaft, eine andere Art zu finden, die Welt, das Leben und den Tod zu betrachten; den Seelenfrieden zu unserem einzigen Ziel und Vergebung zu unserer wichtigsten Aufgabe zu machen. Es bedeutet, dass wir entdecken, welche Wirkung es hat, wenn wir an unseren Beschwerden festhalten, anderen die Schuld geben und uns selbst verurteilen, so dass wir uns bewusst dafür entscheiden können, keinen Wert mehr in ihnen zu erblicken.

Innere Heilung behauptet, dass dann, wenn wir die Angst loslassen, nur noch die Liebe übrig bleibt und dass die Liebe alle Probleme löst, denen wir im Leben gegenüberstehen. Es ist die Erkenntnis, dass unsere wahre Wirklichkeit sich nie verändert und dass es nichts gibt außer der Liebe.

Meine sehr liebe Freundin Judy Skutch Whitson schlug den Terminus »Innere Heilung« vor, als wir das Zentrum im Jahr 1975 eröffneten.

Innere Heilung

- definiert Gesundheit als inneren Frieden;
- definiert Heilung als Loslassen von Angst;
- betrachtet unsere Identität primär als spirituell und bekräftigt, dass jedes Individuum eine Seinsqualität oder ein inneres Wesen besitzt, das im Wesentlichen ein liebendes ist, und dass alle Menschen an diesem liebenden Wesen teilhaben;
- stellt fest, dass Liebe die wichtigste Heilkraft der Welt ist;
- sagt anderen Menschen nicht, was sie tun sollen, sondern bietet ihnen Wahlmöglichkeiten an;
- betont Gleichheit in jedem Aspekt unseres Lebens und bekräftigt, dass wir alle füreinander Lehrer und Schüler sind;
- erkennt, dass Frieden unser einziges Ziel ist;
- betont das einfühlsame Zuhören, ohne zu urteilen oder Ratschläge zu erteilen;
- setzt sich zum Ziel, die bedingungslose Liebe zum Schwerpunkt des Lebens zu machen.

Innere Heilung ist der Auffassung, dass der Sinn jeglicher Kommunikation das Verbindende ist, und betrachtet Glück als etwas, für das man sich entscheidet. Sie erkennt an, dass wir alle liebenswert sind, dass wir selbst verantwortlich sind für unser Glück und dass dieses unser natürlicher Seinszustand ist.

Innere Heilung erkennt, dass unsere einzige Aufgabe die Vergebung ist. Statt Entscheidungen aufgrund unserer angstbesetzten Vergangenheit zu treffen, stellt sie fest, dass wir lernen können, Entscheidungen zu treffen, indem wir auf die innere Stimme der Liebe hören.

Der Nutzen der Inneren Heilung

Die zwölf Grundsätze der inneren Heilung sind spiritueller Art, die uns zur Liebe und weg von der Angst fuhren. Ich halte die Anwendung dieser Grundsätze für eine »praktische Spiritualität«, die in jedem Aspekt unseres Lebens angewandt werden kann. Es gibt keinen einzigen Bereich, in dem sie nicht gültig wären. Indem wir lernen, unsere Einstellungen und unsere Gesinnungen zu ändern, verändern wir unser Leben. Zu den möglichen Nutzanwendungen der Inneren Heilung zählen:

1. Uns selbst als Liebe erfahren.
2. Inneren Frieden finden.
3. Glück finden.
4. Die Angst loslassen.
5. Das Urteilen loslassen.
6. Die Schuld loslassen.
7. Die Opferhaltung loslassen.
8. Die Angst vor dem Tod loslassen.
9. Nicht-verzeihen-Können loslassen.
10. Schmerz loslassen.
11. Rechthaben und den anderen Ins-Unrecht-Setzen loslassen.
12. Vorwürfe loslassen.
13. Die Angst vor der Vergangenheit, der Zukunft loslassen.
14. Das ewige Kritisieren loslassen.
15. Das Vorenthalten von Liebe gegenüber allen, auch uns selbst, loslassen.
16. Unsere Notwendigkeit loslassen, über Schuld und Unschuld zu befinden.

17. Das Beklagen und Aufzählen unserer Verletzungen loslassen.
18. Unsere Furcht vor Nähe loslassen.
19. Ein Mensch werden, der Liebe findet.
20. Unserer Segnungen eingedenk sein.
21. Das Augenmerk auf Liebe statt auf Erscheinungen richten.
22. Leichter durch das Leben gehen.
23. Mehr lachen.
24. Im Bewusstsein des Gebens statt des Nehmens leben.
25. Anerkennen, dass es etwas Größeres gibt als uns selbst.

Die Innere Heilung besteht wesentlich darin, dass wir lernen, alle Gedanken aus dem Bewusstsein zu entlassen, außer Gedanken der Liebe. Dies heilt uns von der falschen Wahrnehmung, dass wir voneinander getrennt sind und dass andere uns angreifen. Es bedeutet, die Notwendigkeit aufzugeben, unsere Beziehungen zu analysieren, zu interpretieren und zu bewerten. Innere Heilung besteht einfach darin, andere als Menschen zu sehen, die Liebe geben oder die ängstlich sind und um Liebe bitten. Es heißt, Angst und Schuld loszulassen und jeden Menschen, auch uns selbst, als schuldlos zu sehen. Innere Heilung findet statt, wenn wir uns dafür entscheiden, dass unsere Botschaft nur Liebe sein soll.

2

Die einzige Lektion ist Liebe

Wir haben wirklich nur eine Lektion zu lernen. Sie kann jedoch verschiedenartig ausgedrückt werden. Eine Art und Weise, die für mich persönlich sinnvoll ist, stammt aus einem *Kurs in Wundern® (A Course in Miracles®).*

*Lehre nur Liebe, weil du nur Liebe bist.**

Dieser Satz bezeichnet sowohl unser Ziel als auch die Mittel und Wege, es zu erreichen. Er besagt, dass wir von unserem Wesen her Liebe sind. Er sagt uns weiterhin, wie wir dies in jeder Schwierigkeit, sei sie groß oder klein, erkennen können: Gib nur Liebe, lehre nur Liebe, lehre nur Frieden und greife niemals an, in keiner Form, um deiner Sicherheit willen. Dies ist das erste und grundlegende Prinzip Innerer Heilung.

Ich habe diese Wahrheit in meinem Leben oft aus den Augen verloren. Doch es ist ermutigend, wie diese einfache Wahrheit immer wieder auftaucht, bis wir uns schließlich keinen Zweifel mehr gestatten. Nachdem ich den *Kurs in Wundern®* bekommen hatte, wurden mir viele Dinge, an de-

* Dieses Zitat und alle folgenden aus *Ein Kurs in Wundern®* werden mit freundlicher Genehmigung des Greuthof Verlags, Gutach i.Br., abgedruckt. Die Zitate sind jeweils mit * gekennzeichnet. Genaue Quellenangaben siehe Seite 6.

ren Wahrheit ich zu glauben begonnen hatte, viel deutlicher. Vor dieser Zeit hatte ich bestimmte »Realitäten« zur Kenntnis genommen, aber ich hatte diese quälenden Tatsachen nicht in ein zusammenhängendes Ganzes gebracht.

Ein *Kurs in Wundern®* wurde in Amerika erstmals 1975 veröffentlicht, und derzeit sind dort über eineinhalb Millionen Exemplare im Umlauf. Es ist ein Kurs zum Selbststudium für diejenigen, die sich für spirituelle Wandlung interessieren. Er fordert uns auf, den Frieden Gottes zu unserem einzigen Ziel und Vergebung zu unserer einzigen Aufgabe zu machen, während wir lernen, auf die Stimme Gottes zu hören, die uns sagt, was wir denken, reden und tun sollen. Die Summe dessen, was mir vor meiner Begegnung mit dem *Kurs in Wundern®* bewusst geworden war, könnte man eine erste Ahnung der Prinzipien Inneren Heilens nennen.

- Wenn ein Mensch damit beschäftigt ist, einem anderen zu helfen, erlebt er keine Angst.
- Angst führt zu keiner positiven Veränderung. Es ist falsch, Angst hervorzurufen, wenn man anderen helfen will.
- Wir können unsere Angst vor Kindern nicht verbergen.
- Der wahre Inhalt unserer Gedanken steht jedermann offen, insbesondere Kindern, und auf einer bestimmten Ebene stehen alle Bewusstseinsinhalte miteinander in Verbindung.
- Wir sind nicht auf unseren Körper beschränkt, und die physische Realität ist für uns keine Grenze.
- Unsere Psyche kann durch den Lebenswillen den Verlauf einer Krankheit beeinflussen. Es gibt keine Schwierigkeit, die nicht rückgängig gemacht werden kann.

- Das Festhalten an der Vergangenheit ist unseren gegenwärtigen Einstellungen hinderlich.
- Wir können aus jeder Situation, in der wir uns gegenwärtig befinden, etwas lernen, mag sie uns anfangs noch so widrig erscheinen.
- Unsere inneren Ziele bestimmen unsere Erfahrung. Wir sind nicht ein Opfer der Welt.
- Die Liebe ist wirklich.

Ich möchte Ihnen einige der Erfahrungen mitteilen, die mich zu diesen Erkenntnissen geführt haben. Insbesondere wenn Sie sehen, wie ich die Lektionen der Liebe anzuwenden lernte, werden Sie vielleicht in der Lage sein, ähnliche Schlüsse in Ihrem eigenen Leben zu ziehen. Ich glaube, das Leben gibt uns die Möglichkeit zu lernen, wie wir Erfahrungen, die uns bestimmte Kenntnisse klar und deutlich vermitteln, auf jene Gebiete übertragen können, wo Angst uns noch immer als das Vernünftige erscheint.

Die Wahrheit wiederholt sich

»Gestern war es furchtbar, heute ist es schrecklich, und morgen wird es noch schlimmer werden.« Das war die Lebensanschauung meiner Familie, als ich ein Kind war. Vielleicht haben auch Sie ein wenig von dieser Haltung mitbekommen, als Sie aufwuchsen. Von einer Generation zur anderen waren wir durchtränkt von dem Glauben, dass die Vergangenheit die Zukunft bestimme und dass ein reifer Mensch mit Urteilsvermögen die Lektionen der Vergangenheit sorgfaltig erwägen müsse, wenn er Pläne macht. Der *Kurs in Wundern®* weist uns darauf hin, dass es nur eine Lektion der Vergangenheit gibt.

*Dieser Augenblick ist die einzige Zeit, die es gibt.**

Der Glaube, dass aus der Vergangenheit die wahren Gesetze des Lebens hervorgehen, dringt sogar auf noch subtilerem Weg in unser Bewusstsein als durch unsere direkten Versuche, das Künftige zu bestimmen. Wir denken ständig an die Zukunft und erwarten, dass sie wie die Vergangenheit sein wird. In unserer Phantasie und unseren müßigen Gedanken stellen wir uns die Zukunft so vor wie das, was wir aus unserer Vergangenheit als erfreulich erinnern, und wir verbessern sie noch, indem wir das eliminieren, was schwierig und schmerzhaft war.

Wenn wir in dieser Weise denken, blicken wir nicht auf praktische und vernünftige Art vorwärts, sondern schaffen lediglich einen Bewusstseinszustand, der fast ausschließlich aus Angst besteht. Wir glauben, dass dem allgemeinen Lauf der Ereignisse in unserem Leben nicht zu trauen ist, und so betrachten wir alles und jeden entweder als Feind oder zumindest als potentiell gefährlich. Diese Einstellung gibt uns wiederum das Gefühl, dass wir der Liebe nicht wert seien. Sie macht, dass wir uns schuldbewusst, hilflos und unsicher in Bezug auf alles fühlen. Das führt dazu, dass wir die Wirklichkeit in den Griff bekommen wollen, und so entwickeln wir lediglich ein Talent zu manipulieren.

Das ist natürlich genau der Fehler, den ich selbst so oft gemacht habe. Ich versuchte, mich der Welt auf eine Weise zu präsentieren, die ganz anders war, als ich mich innerlich fühlte. Auch wenn ich Angst davor hatte, was geschehen würde, gab ich mir äußerlich das Ansehen eines Mannes, der die Dinge im Griff hat und Respekt verdient. Wie jeder Mensch, der eine Maske trägt, fühlte ich mich isoliert und unverstanden.

Wenn wir uns als nicht geliebt oder nicht liebenswert empfinden, machen wir gewöhnlich den Fehler, dass wir die äußeren Umstände kontrollieren wollen, die wir für den Grund unseres Unglücklichseins halten. Weil dieses Ziel voraussetzt, dass es sich in der Zukunft erfüllt, wird der gegenwärtige Augenblick entwertet. Selbst eine trostlose Zukunft, die wir einigermaßen kontrollieren können, ist dem jetzigen Augenblick scheinbar vorzuziehen. Und die Freude, die verlangt, dass wir unsere Aufmerksamkeit der Gegenwart zuwenden, wird etwas Ängstliches. Sobald sich ein gewisses Maß an Glück einstellt, schöpft jeder Mensch mit dieser Einstellung sofort Verdacht. Angst reizt das unbewusste Verlangen, unglücklich zu sein, damit wir uns auf die Zukunft konzentrieren und sie kontrollieren können.

Mit dieser Einstellung fühlte ich mich nicht nur ungeliebt, sondern der Liebe unwürdig. Ich war ihrer nicht würdig, weil ich mich einer ungenannten Sünde schuldig fühlte. Und weil ich Angst hatte, dass meine Sünde bestraft werden würde, meinte ich, dass ich der Liebe entsagen müsste, um der Strafe zu entgehen. Man braucht nicht religiös erzogen zu sein, um zu glauben, dass der Mensch leiden müsse.

Die meisten von uns fühlen sich sehr einsam in der spezifischen Art, wie wir unsere Fehler machen. Wir glauben, dass unsere Schuld etwas Privates sei. Ich dachte, dass ich das größte Arsenal von Schuld auf der Welt besäße, und daher schien das Unheil immer hinter jeder Ecke zu lauern. Das

Leben war eine äußere Macht, gegen die ich mit meinem Grips und meiner Energie anrannte. Leben im wahren Sinn des Wortes – mit Lust, Frieden, Freude und Harmonie – schien nur anderen gegeben zu sein. Da ich selbst eine Maske trug, glaubte ich das, was die Masken anderer Leute mir vermittelten: dass sie es schafften, glücklich zu sein, und ich nicht.

Diese allgemeine Einstellung führte dazu, dass ich zwar existierte, aber nicht wirklich lebte. Oft kam es vor, dass ich Glück mit Schmerz verwechselte, denn ich fühlte mich nur lebendig, wenn ich mitten in einer Krise war. Also brach ich eine Krise nach der anderen vom Zaun. Da das Glück außerhalb meiner Reichweite lag, war dies für mich die einzige Art und Weise, wie ich das Leben erfahren konnte. Und da diese Dinge mir ständig widerfuhren, schien mir diese Auffassung immer mehr eine einfache Notwendigkeit. Denn ich war ein bloßes Opfer.

Eine lange Zeit glaubte ich, dass diese Anschauung mir als etwas Natürliches zukam. Wegen der von meinen Eltern empfangenen Anlagen und der Umwelt, in der ich aufwuchs, war ich, ohne dass ich es mir ausgesucht hatte, von Angst und Schuld besessen. Es kam mir nicht in den Sinn, dass ich selbst von einem Augenblick zum anderen die Wahl treffe zwischen Liebe und Angst. Es gibt zahlreiche Menschen, die aus einem schlechteren Milieu kommen als ich und trotzdem die Wahl getroffen haben, nicht in ihrer Vergangenheit stecken zu bleiben. Es war meine Wahl, die Lebensanschauung meiner Eltern zu übernehmen und die Beschränkungen meiner Umgebung zu akzeptieren.

Es ist mir jetzt klar, dass jeder von uns die Überzeugungen, nach denen er lebt, selbst bestimmt. Wir glauben, dass wir uns mit unserer Vergangenheit identifizieren müssen, aber das ist nicht wahr. Wir haben eine Alternative. Unsere Welt hält nicht deshalb zusammen, weil wir uns ängstlich um sie sorgen. Wir können ein Leben führen, das frei ist von Angst. Ebenso wie ich bestimmen auch Sie alles, was Ihnen zustößt. Diese Tatsache sollte uns kein Gefühl der Schuld, sondern die Freiheit geben, im Frieden zu leben.

Dies wurde mir während des dritten Monats meines klinischen Jahres offenbar. Als Angehöriger der V-12-Einheit der Marine wurde ich an die medizinische Fakultät der Stanford University geschickt, und im Jahr darauf aus der Marine entlassen, um meine medizinische Ausbildung fortzusetzen. An der medizinischen Fakultät bekommt ungefähr ein Drittel aller Studenten die Symptome der jeweiligen Krankheit, die sie gerade studieren. Manche bekommen diese Krankheit sogar. Ich fürchtete mich besonders vor der Tuberkulose und war überzeugt, dass ich sie mit der Zeit kriegen und daran sterben würde; und tatsächlich ergab es sich während meines klinischen Jahres, dass ich unter anderem der Tuberkulosestation zugeteilt wurde. Wiederholt hatte ich den Alptraum, dass ich am Morgen einen tiefen Atemzug täte, um dann für den Rest des Tages nicht mehr zu atmen.

Eines Nachts wurde ich zu einem Notfall gerufen, einer fünfzigjährigen Alkoholikerin, die Tuberkulose und Leberzirrhose hatte. Sie blutete aus der Speiseröhre, hatte Blut erbrochen und befand sich in einem Schockzustand. Ihr Puls war schwach und ihr Blutdruck nicht mehr zu messen. Ich saugte die Patientin ab und gab ihr eine Herzmassage. In dieser Nacht funktionierte das Sauerstoffgerät nicht, und daher musste ich eine Mund-zu-Mund-Beatmung vornehmen, auf die sie ansprach. Als ich in mein Quartier zurückkehrte und in den Spiegel sah, war mein grüner Ärztekittel ganz mit Blut besudelt. Plötzlich fiel mir ein, dass ich während der ganzen hektischen Stunde nicht ein einziges Mal Angst gehabt hatte.

Es war eine eindrucksvolle Lehre, dass ich dann, wenn ich nur darauf konzentriert war, einem Menschen zu helfen, keine Angst empfand. Es gab andere Zeiten während meines Dienstes auf dieser Station, da ich vor Angst erstarrte, wenn ich darüber nachdachte, was ich mir alles holen konnte. Die Lektion war eindeutig. Wenn es einem nur darum zu tun ist, zu geben, gibt es keine Angst. Viel später in meinem Leben entdeckte ich, dass es dann auch keinen Schmerz und kein Gefühl der Begrenzung gibt.

Gedanken kommunizieren

In demselben Jahr machte ich eine weitere wichtige Lernerfahrung, die mir ein achtjähriger Junge namens Billy vermittelte. Wir können unsere Gefühle vor Kindern nicht verbergen, und wenn wir uns noch so große Mühe geben. Schmerzhafte Gedanken lassen sich nicht verstecken, aber sie können verändert werden. Die folgenden beiden Zitate aus dem *Kurs in Wundern®* erhellen diese Lektion:

Ich habe gesagt, dass du nicht dadurch anderen Geistes
werden kannst, dass du dein Verhalten änderst,
aber ich habe auch – und das viele Male – gesagt,
*dass du anderen Geistes werden kannst.**

An späterer Stelle heißt es:

Denn dadurch, dass er anderen Geistes wird,
hat er das machtvollste Mittel verändert,
*das ihm für die Veränderung je gegeben wurde.**

Das ist wahr, gleichgültig, ob wir unser Verhalten oder das eines anderen als Problem ansehen. Mein Fehler, den ich in dem Vorfall mit Billy machte, bestand darin, dass ich versuchte, ihn zu ändern, statt mich um meine eigene innere Heilung zu bemühen. Wenn die Psyche Heilung akzeptiert, dann wird dieser Zustand der Besserung sich auf jede andere Psyche übertragen, mit der sie sich verbindet.

Billy hatte nicht nur Gehirnlähmung, sondern war auch verhaltensgestört. Ich hatte als Psychotherapeut Sitzungen mit ihm und seinen Eltern, aber statt dass sein Zustand besser wurde, verschlimmerte er sich. Eines Tages brachten seine Eltern mir gegenüber ihre Enttäuschung zum Ausdruck. Ich begann, einen Groll gegen Billy zu hegen, weil er mich in ein schlechtes Licht setzte. Wenn wir zum Ziel haben, einen Menschen zu ändern, so ist das Resultat entweder Ressentiment oder Stolz.

An dem Abend las ich einen Artikel des amerikanischen Therapeuten Milton Erickson, dem Vater der modernen Hypnosetherapie. Er schilderte die Anwendung von Hypnose bei Kindern. Offensichtlich war nichts weiter nötig, als das Kind zu entspannen, ihm einige Suggestionen einzugeben, und sein Verhalten würde sich im Handumdrehen ändern. Mit einem Teil meines Inneren hatte ich Zweifel an der Methode, doch mit einem anderen war ich verzweifelt genug, um sie auszuprobieren.

Als ich Billy das nächste Mal traf, setzte ich ihn auf eine Krankenhausliege und suggerierte ihm, dass seine Augen immer schwerer wurden, dass seine Augen sich schlossen, weil sie so schwer waren, und dass er sich auf der Liege ausstreckte. Stellen Sie sich mein Erstaunen vor, als er alles tat, was ich ihm suggerierte. Er machte vollkommen mit, was er früher nie getan hatte. Ich sah auf der nächsten Seite des Artikels nach, um mir weitere Anweisungen zu holen. Plötzlich setzte Billy sich auf. Seine Augen waren geschlossen, aber er beugte sich vor, drückte seine Nase an meine und sagte in seiner schwerfälligen, gelähmten Sprechweise: »Dr. Jampolsky, Ihre Augen werden immer schwerer.« Dann brach er in Lachen aus.

Nachdem ich mich von dem Schock erholt hatte, lachten wir beide von Herzen. Kinder sind großartige Therapeuten, weil sie noch nicht durch die formelle Schulung gegangen sind, die in unser von Gott gegebenes Wissen störend eingreift. Sie wissen, was sich im Denken eines Erwachsenen abspielt. Instinktiv erkennen sie, dass es nichts Verborgenes oder Heimliches gibt, und gewöhnlich durchschauen sie jede Maske, die wir aufsetzen.

Eine Einstellung kann heilen

Im Jahre 1949, als ich mein Klinikum in Boston absolvierte, wurde mir der Einfluss von Einstellungen auf den Körper in vollem Umfang bewusst. Diese Erkenntnis drängte sich mir durch zwei Patienten auf, die ich betreute und die beide an

Magenkrebs litten. Fachärztliche Berater der Universitäten von Boston, Harvard und Tufts waren sich einig, dass es um die beiden ungefähr gleichaltrigen Männer ähnlich stand und dass keiner von ihnen eine Lebenserwartung von mehr als sechs Monaten hatte. Einer der Männer starb zwei Wochen später. Der andere lebte weiter, wurde aus dem Krankenhaus entlassen und war wohlauf, als ich mein Klinikum beendete.

Der erste Mann schien keinen Lebenszweck zu haben. Er glaubte, dass er auch dann, wenn er sich wieder erholen würde, nicht imstande wäre, mit seinen täglichen Problemen fertig zu werden. Er schien mehr Angst vor dem Leben zu haben als vor dem Sterben. Vielleicht flüchtete er sich in den Tod. Der Mann, der nicht starb, war entschlossen, am Leben zu bleiben. Er weigerte sich, in die Wahrscheinlichkeitskurve einer Versicherungsstatistik einzugehen. Irgendwie war er überzeugt, dass er gesund werden und die Pläne für sein Leben verwirklichen könne.

Dieser Vorfall brachte mir zum Bewusstsein, wie wichtig die Gedanken sind, die wir denken. Ihre Richtung bestimmt tatsächlich unseren Willen, zu leben oder zu sterben. Dabei ist die Erkenntnis wichtig, dass ich nicht zum Kampf aufrufe, wenn ich von einer Änderung des Denkens spreche. Die Art und Weise, wie wir unser Denken umdirigieren, ist identisch mit der neuen Richtung. Auf friedliche Weise kehren wir zum Frieden zurück. Auf sanfte Weise machen wir uns Sanftheit zu Eigen.

Wenn Sie finden, dass Sie nicht bereit sind, die Art von Gedanken nachzuvollziehen, die dieses Buch Ihrer Meinung nach erfordert, dann ängstigen Sie sich bitte nicht. Stattdessen empfehle ich Ihnen, die Spannung einfach loszulassen. Denken Sie einfach, was Ihnen Freude macht, was Sie beruhigt und Ihnen Trost gibt – das ist alles, was ich Ihnen nahe lege. Es hat keinen Sinn, dass Sie versuchen, eine Änderung Ihres Bewusstseinszustandes zu erzwingen. Beobachten Sie nur, welche Gedanken Sie glücklich und welche Sie unglücklich machen, dann wird Ihre Psyche von selbst die nötige Umstellung vornehmen.

Den meisten Ärzten ist klar, dass die innere Haltung organische Krankheiten beeinflussen kann. Sie wissen, dass der Wille, zu leben oder zu sterben, den Verlauf einer Krankheit ändern kann. Das wissen sie, obwohl eine solche Haltung nicht mikroskopisch untersucht, nicht gemessen, gewogen oder experimentell wiederholt werden kann. Die Wahrheiten der Psyche sprengen die Normen der Wissenschaft. Die Voraussetzungen und die allgemeine Atmosphäre, die wir mit unseren Einstellungen schaffen, spiegeln sich nicht nur im Extremfall einer lebensbedrohenden Krankheit, sondern in allen Aspekten unseres Lebens. Dies wurde mir klar nach meinem ersten Anlauf, die Abschlussprüfungen in Psychiatrie und Neurologie zu schaffen.

Dieses Examen sieht zwei Tage mündlicher Prüfungen vor. Obwohl ich fleißig studiert hatte, beging ich den Fehler, dass ich mir in den Kopf setzte, bei den Prüfungen die äußerste Ruhe bewahren zu wollen. Ich konzentrierte mich hauptsächlich darauf, diese Maske anzulegen, und alle – insbesondere meine Berufskollegen – staunten über meinen Gleichmut. Einen Monat später erfuhr ich, dass ich durchgefallen war. Meine ganze Energie war draufgegangen, Selbstkontrolle vorzutäuschen, und so blieb mir nur wenig Aufmerksamkeit übrig, die ich der richtigen Beantwortung der Fragen hätte zuwenden können. Im nächsten Jahr trat ich ohne diese ablenkende Verstellung noch einmal zu den Prüfungen an und kam durch.

Im Jahre 1952 wurde ich Mitarbeiter des »Langley Porter Instituts« in San Francisco. Meine Aufgabe bestand in der Behandlung schizophrener Kinder. Die meisten von ihnen konnten nicht sprechen, und die Arbeit war schwierig, aber ich begann während dieser Zeit wenigstens einen wichtigen Sachverhalt zu ahnen: Worte sind belanglos für das, was wir lehren und lernen.

Das einzig Wichtige, was man überhaupt vermitteln kann, ist die *Erfahrung* von Liebe und Frieden. Es ist diese Einstellung des Herzens, die das Werk der Heilung in beiden Richtungen zustande bringt, und nicht das, was zwischen zwei Menschen geredet wird. Die Anhäufung verbalisierten Wissens auf einer Seite ist von geringem Nutzen für eine tiefe innere Heilung. Kurz darauf machte ich eine Beobachtung, die den zweifelhaften Wert von Ausbildung und Erfahrung erkennen ließ.

Mir fiel auf, dass Medizinstudenten im zweiten Studienjahr oft besser mit ihren Patienten umgehen konnten als weiter Fortgeschrittene. Diese Annahme führte zu einem Gespräch mit Ethel Vergin, die damals die Verwaltung der ambulanten Station leitete. Sie war eine gute Beobachterin des medizinischen Personals und hatte während ihrer mehr als fünfzehnjährigen Tätigkeit am Institut das Kommen und Gehen vieler Medizinstudenten junger Ärzte und Fachärzte erlebt. Sie bestätigte meine Beobachtung.

Ich begann, nach den Gründen für diese Diskrepanz zu forschen. Mir kam der Gedanke, dass es vielleicht in erster Linie an den Einstellungen lag, und so fing ich an, die Persönlichkeit und Arbeitsweise jedes einzelnen Studenten höherer Semester zu prüfen, mit dem ich arbeitete. Meine Untersuchung bestätigte mir, dass im Umgang mit schwierigen Krankheiten ältere Semester manchmal wenig oder gar keinen Fortschritt gegenüber Studenten mit weniger Erfahrung erzielten. So lernen zum Beispiel ältere Studenten bei Patienten, deren Diagnose auf chronische Schizophrenie lautet, von vielen Fachärzten, dass die Behandlung dieser Krankheit schwierig, mühsam und oft sehr zeitaufwändig ist. Wenn also diese Mediziner einen neuen Patienten mit chronischer Schizophrenie behandeln, haben sie die Werte und Einstellungen des Fachkollegiums bereits in ihr eigenes Denken übernommen. Sie beginnen die Behandlung des Patienten mit der Erwartung, dass es mühsam und schwierig sein wird, einen Fortschritt zu erzielen. Der Patient wiederum identifiziert sich mit der beschränkten Erwartung des jungen Arztes, und diese wird dann zur Wirklichkeit.

Medizinstudenten im zweiten Studienjahr dagegen sind meist noch nicht von den negativen Erwartungen vieler Fachärzte angesteckt. Sie sind gewöhnlich enthusiastisch und optimistisch, wenn sie ihre ersten psychiatrischen Patienten übernehmen. Das Etikett, das dem Patienten angehängt wird, bedeutet ihnen wenig. Sie wissen einfach, dass sie diesem Patienten auf irgendeine Weise helfen werden und dass er Fortschritte machen wird. Der Patient identifiziert sich mit dieser positiven Erwartung und macht oft schnellere Fortschritte als mit einem höheren Semester. In dieser besonderen Situation ist eindeutig die Einstellung von höchster Bedeutung und nicht die Erfahrung. Ja, Erfahrung kann in diesem Fall sogar als ein Hindernis betrachtet werden. Daraus lernte ich, Mutmaßungen aufgrund von Vergangenheit zu vermeiden und in keinem Menschen einfach eine vorgefertigte Statistik zu sehen.

Viel öfter, als wir wahrnehmen, sehen wir in den Menschen, die uns begegnen, nur die Vergangenheit. Doch es ist vielmehr unsere eigene Vergangenheit als die ihre, die wir als ihnen zugehörig betrachten. Folglich reagieren wir gar nicht auf sie selbst, sondern auf unsere eigenen vorgefassten Urteile. Der freundliche Wunsch, andere so zu sehen, wie sie in diesem Augenblick sind, wird viel dazu beitragen, unsere Einstellungen zu klären. Wir würden sehr wenig an anderen Menschen auszusetzen finden, wenn wir darauf verzichteten, alle unsere Vorurteile und kleinlichen Beschwerden auf sie zu übertragen. Unsere vergangenen Erfahrungen können uns nichts über die Liebe der Gegenwart sagen. Erinnerungen und Sehen sind nicht dasselbe, und deshalb nützen uns Erinnerungen wenig, wenn wir Liebesbeziehungen anknüpfen.

Liebe existiert

Im Laufe meiner weiteren persönlichen Suche gewann ich Interesse an der Kirlian-Fotografie, die laut einigen Forschern die elektrische Energie abbildet, die alle physischen Körper umgibt. Meine Untersuchungen auf diesem Gebiet führten zu einigen ungewöhnlichen Erfahrungen mit dem indischen Guru Swami »Baba« Muktananda, von dem ich zwar gehört, den ich aber nie kennen gelernt hatte. Im Jahre 1974 wurde ich in seinen Aschram in Oakland eingeladen, um Kirlian-Fotos von seinen Händen zu machen.

Bei meiner Ankunft befanden sich viele junge Leute in dem Aschram, und sie schienen Baba zu vergöttern. Damals war ich mit meinem Urteil über solche Gurus schnell fertig. Ich kam sogleich zu dem Schluss, dass diese Jugendlichen emotional verwirrt waren und wahrscheinlich eine Vaterfixierung hatten. Dass sie in dem Aschram einen Ort der Sicherheit fanden, war nahe liegend, da sie offensichtlich mit der realen Welt nicht zu Rande kamen.

Bald nach meiner Ankunft saß ich in einem Raum mit zwanzig anderen geladenen Gästen. Baba trat ein; wir wurden miteinander bekannt gemacht und unterhielten uns über einen Dolmetscher. Ich machte einige Fotos, wurde von ihm mit einer langen Pfauenfeder gestreift und setzte mich. Während ich die anderen beobachtete, merkte ich, dass ich alles verkehrt gemacht hatte. Alle anderen knieten nieder, bevor sie mit ihm sprachen; jeder außer mir brachte ihm Blumen, Früchte oder irgendein Geschenk.

In mir brodelte es förmlich vor Feindseligkeit. Trotzdem überkam mich plötzlich das deutliche Gefühl, dass Baba zwar laut mit anderen sprach, aber eine nichtverbale Unterhaltung mit mir führte. Es war, als ob unsere Gedanken miteinander in Verbindung stünden. Ich spürte mit Sicherheit, dass er zu mir kommen würde, wenn er mit den anderen fertig wäre, dass er mein Gesicht berühren und dass etwas sehr Dramatisches geschehen würde.

Er hörte auf zu sprechen und schickte sich an, den Raum zu verlassen, und ich sagte mir: »Wieder falsch, Jampolsky.« Plötzlich stand er mit seinem Dolmetscher vor mir. Er berührte mich, und bei den anderen verbreitete sich helle Aufregung. Ich wurde in einen kleinen Raum geführt, und man sagte mir, dass ich für eine kurze Weile allein gelassen würde und dass ich während der Zeit meditieren sollte. Ich war immer noch misstrauisch, aber da ich offensichtlich nichts zu verlieren hatte, folgte ich dem Vorschlag.

Dann machte ich eine der erstaunlichsten Erfahrungen meines Lebens, eine Erfahrung, die bei mir zu einem radikalen Umdenken führte. Nachdem ich fünf Minuten lang still dagesessen hatte, begann mein Körper auf unbeschreibliche Weise zu zittern und zu beben. Herrliche Farben erschienen um mich herum, und mir war, als sei ich aus meinem Körper getreten und blickte auf ihn herab. Ein Teil meiner selbst fragte sich, ob mir wohl jemand eine halluzinogene Droge verabreicht hätte oder ob ich im Begriff war, verrückt zu werden.

Ich erblickte Farben, deren Tiefe und Leuchtkraft alles übertrafen, was ich mir je vorgestellt hatte. Ich begann, in Zungen zu reden – ein Phänomen, von dem ich zwar gehört hatte, dem ich aber keinen Glauben schenkte. Ein wunderschöner Lichtstrahl kam in den Raum, und in diesem Augenblick fasste ich den Entschluss, das Geschehen nicht mehr zu bewerten, sondern einfach mit der Erfahrung eins zu sein und mich ganz mit ihr zu verbinden.

Danach erinnere ich mich an nichts mehr, bis Babas Dolmetscher mich rüttelte und sich wortreich bei mir entschuldigte, weil sie, wie er sagte, vergessen hätten, dass sie mich in diesem Raum zurückgelassen hatten. Ich befand mich noch immer in der gleichen Sitzhaltung. Zweieinhalb Stunden waren vergangen. Man führte mich hinunter, wo sich ungefähr zweihundert Leute vor Baba befanden. Alle machten mir Platz, und er und ich führten ein Gespräch. Jemand machte ein Foto von mir, das ich noch besitze. Ich sehe aus wie eine männliche Mona Lisa mit Augen voll Licht und einem Lächeln, hinter dem sich ein Geheimnis verbirgt.

Baba legte mir nahe, dass ich mir ein Bild von seinem Guru beschaffen und davor meditieren sollte. Ich beschloss jedoch, das nicht zu tun. Stattdessen fand ich ein kleines

Buch, in dem ich all die Dinge, die ich erlebt hatte, beschrieben fand.

Obwohl ich gewöhnlich ein hohes Maß an Energie besitze, steigerte es sich noch während der nächsten drei Monate, und ich kam mit sehr wenig Schlaf aus. Ich war erfüllt von einer Empfindung der Liebe, die sich von allem unterschied, was ich vorher gekannt hatte. Die enorme Kraft dieses Erlebnisses weckte in mir den Wunsch, alles mit neuen Augen zu betrachten, denn ich hatte eine Ahnung von einer Wirklichkeit bekommen, die nicht auf die physische Ebene beschränkt ist. Dies war ein wichtiger Schritt zur völligen Umwertung meiner Begriffe von Gott und Spiritualität. Obwohl ich es damals nicht wusste, bereitete mich dieses Erlebnis für meine Begegnung mit dem *Kurs in Wundern* etwa ein Jahr später vor. Doch einstweilen war ich immer noch dabei, zu kämpfen.

3

Die Hilfe ist schon da

Im vorigen Kapitel sprach ich davon, wie Wahrheiten die Eigenschaft haben, immer wieder aufzutauchen. Ich erinnere mich, wie ich als vier- oder fünfjähriger Junge einmal im Gras lag, die Blumen, die Berge und den Himmel betrachtete und plötzlich spürte, dass mir Gott sehr nahe war. Ich wusste, dass ich mit allem, was ich sah, vollkommen eins war. Das waren Augenblicke, in denen ich keinen Zweifel an der spirituellen Wirklichkeit hatte. Ich erinnere mich außerdem, dass ich nach den Sonntagsfahrten, die unsere Familie oft unternahm, gerne so tat, als würde ich schlafen, denn dann trug mein Vater mich in seinen Armen ins Haus. Bei diesen Gelegenheiten merkte ich deutlich, dass er mich lieb hatte. Wir werden von Gott und von den anderen Menschen geliebt. Das sind zwei grundlegende Wahrheiten, die im Laufe meines Lebens in mein Bewusstsein zurückgekehrt sind. Sie sind keineswegs selbstverständlich, noch war mir anfangs klar, dass es sich dabei um ein und dieselbe Wahrheit handelt.

Wir brauchen nichts zu tun, bevor wir dazu bereit sind

Meine Probleme mit Gott begannen schon früh. Als Kind litt ich an Legasthenie und verwechselte das Wort *God* (Gott) mit *dog* (Hund). Meine Schwierigkeiten und meine Verwirrung hielten an, aber ich dachte über all dies nicht weiter nach, bis ein enger Schulfreund von mir bei einem Autounfall ums Leben kam. Sein Tod gab mir nicht nur ein Gefühl der Niedergeschlagenheit, sondern auch des Zorns und der Bitterkeit. Wo war die Gerechtigkeit Gottes in diesem Fall? »Wie kann es einen gerechten Gott geben«, so fragte ich mich, »wenn er mit ansehen konnte, wie ein unschuldiges Leben ausgelöscht wurde, bevor es überhaupt richtig beginnen konnte?« Meine Antwort war, dass ich mich ganz von Gott abwandte. Wenn die Frage auftauchte, ob Gott existierte, vertrat ich entweder die Position des Atheisten oder des Agnostikers.

Bald brach ich den Stab über Leute, die zur Kirche oder in die Synagoge gingen oder sich auf irgendeine Weise Gott zuwandten. Ich hielt sie für ängstlich und irgendwie unterbelichtet. Der Glaube an das ewige Leben kam mir ebenso töricht vor. Ich dachte, dies sei eine Vorstellung, an die sich nur Menschen im Angesicht des Todes klammerten, und dass der Himmel für diejenigen da war, die sehr wenig aus sich gemacht hatten.

Rückblickend meine ich, dass ich, ohne mir dessen völlig bewusst zu sein, einen Kampf gegen das führte, was ich für Gottes Anschlag auf meine Autonomie hielt. Ich dachte, dass nur ich allein, Jerry Jampolsky, mein Leben dirigieren sollte. Nur ich vermochte zu bestimmen, was das Beste für mich und die Menschen in meinem Leben war. Ich betrachtete den Willen als ein Attribut des Geistes und glaubte, dass jeder Körper einen separaten Geist enthielt. Um meine Funktion im Leben zu erfüllen, hielt ich es für unumgänglich, zum Willen anderer Leute in Konkurrenz zu treten.

Wenn ich einen Augenblick zu denken wagte, dass es eine auf dem Willen Gottes beruhende Wirklichkeit geben könnte, war ich sicher, dass sie gegen mich wäre. Wenn sie ungehindert in Kraft träte, würde sie mir sicherlich die Dinge verweigern, die mir Vergnügen machten. Es gab einige flüchtige Augenblicke, in denen ich eine Spur bereit war, Gott die Führung zu überlassen, doch nur so lange, als ich meinte, ihn in die von mir gewünschte Richtung drängeln zu können. Vor allen Dingen wollte ich Kontrolle behalten, und daher erschien mir der Wille Gottes als ein sehr bedrohliches Konzept.

Wie ich zuvor erwähnte, war mein Begriff der Wirklichkeit auf die physische Realität beschränkt. Und da ich nur ein kleiner Teil von ihr war, dachte ich, dass ich sehr oft ein Opfer der physischen Welt sei. Diese Kontrolle, die mir so wichtig war, war also äußerst begrenzt. Nicht ein einziges Mal kam mir der Gedanke, dass der Wille Gottes gerade der Teil von mir und jedem anderen Menschen sein könnte, der unsere tiefsten Sehnsüchte und unser größtes Verlangen nach Liebe repräsentiert. Nicht ein einziges Mal dachte ich daran, dass der Wille Gottes und mein wahrer Wille dasselbe sind.

Im Leben der meisten, selbst der ungläubigsten Menschen gibt es kurze Augenblicke – und sei ihr Unglaube auch noch so groß –, in denen die Dunkelheit sich lichtet und sie einen Frieden und eine Freude erfahren, die nicht von dieser Welt sind. Ich erinnere mich an eine solche Begebenheit, als ich im dritten Jahr meines Medizinstudiums war. In diesem Augenblick wusste ich, dass es einen Gott gab. Es war Nacht, und ich hatte während meines Geburtshilfepraktikums soeben mein erstes Baby entbunden. Das Wunder der Vollkommenheit und Harmonie in meiner Erfahrung – das Geheimnis des Lebens – ging über das menschliche Fassungsvermögen hinaus. Es erfüllte mich mit Ehrfurcht. Ich spürte, dass es eine universale Kraft, ein Wunder der Liebe jenseits meiner Vernunft geben müsse. Und ich war ein Teil dieses Wunders, ein Teil des Ganzen und dennoch eins mit dem Ganzen. Einen Moment sah ich, dass nichts im Universum getrennt existiert, dass alles und alle Menschen miteinander verbunden sind.

Leider hielt dieses Gefühl nicht lange an. Die Begebenheit wurde zu einem kostbaren Geheimnis, und dann kehrte ich zu meinen Büchern zurück und bemühte mich wieder, auf der Grundlage der physischen Wirklichkeit Fakten zu lernen, zu analysieren, zu begreifen und abzuleiten. Und wieder wurde ich zu einem Menschen, der nicht an Gott glaubte.

Was das Beten betrifft, so konnte ich einfach nichts damit anfangen. Ich dachte, dass Menschen, die beten, ängstlich und unrealistisch seien; dass sie Angst davor hätten, selbst mit den Dingen fertig zu werden. Mit solchen Leuten wollte ich nichts zu tun haben. Erst viel später erkannte ich, dass ich derjenige war, der Angst hatte.

Ende der sechziger und Anfang der siebziger Jahre unterhielt ich eine erfolgreiche Privatpraxis, bekleidete ehrenvolle Ämter und erfreute mich landesweit eines wachsenden Rufes auf verschiedenen Gebieten. Aber ich war dabei zum Alkoholiker geworden. Meine zwanzigjährige Ehe endete mit einer schmerzhaften Scheidung. Ich kam mir vor wie ein Puzzlespiel, das jemand in die Luft geworfen und in Millionen Stücke verstreut hat. Ich begann alles auszuprobieren, was mir über den Weg lief, sowohl physisch als auch geistig. Ich versuchte alle Therapien und alle möglichen Gruppen, aber nichts schien zu greifen. Ich wusste, dass ich dringend Hilfe brauchte, vermochte aber keinen Weg zu erkennen, der mir auch nur einen Schimmer von Hoffnung versprach. Mir war bewusst, dass manche Menschen sich in ihrer Verzweiflung Gott zuwenden, aber das war nichts für mich.

Antworte immer mit Güte

Im Jahre 1975, als ich mich noch stark in den Niederungen der Depression befand, rief mich an einem Frühlingsmorgen eine Freundin und Kollegin von auswärts aus einer Telefonzelle an und bat mich, ein unpubliziertes Manuskript zu lesen, das sie eben bekommen hatte. Sie sagte, es handle sich um eine Reihe von Manuskripten mit dem Titel *A Course in Miracles.* Sie würde sie mitbringen, wenn sie herflöge, um mich zu besuchen. Damals hielt ich diese Frau für eine Person, die sich für zu viele Dinge überschwänglich begeisterte, aber ich mochte sie sehr gern, und daher willigte ich ein, um ihr einen Gefallen zu tun. Der *Kurs in Wundern*, den sie mir übergab, steckte in schwarzen Kartondeckeln, und ich fing bei einem Abschnitt zu lesen an, der inzwischen gesondert als Broschüre mit dem Titel »Psychotherapie: Zweck, Prozess und Praxis« vorliegt. Mit keiner besseren Stelle hätte ich beginnen können, an jeder anderen hätte mich die massive Verwendung christlicher Terminologie vielleicht abgeschreckt, weiterzulesen.

Wir bitten um Hilfe, und uns wird geholfen. Oft erkennen wir nicht, dass Alkoholismus, sexuelle Untreue, chronische Krankheiten und Schmerzen oder das arrogante und befremdende Verhalten anderer in Wirklichkeit Hilferufe sind. Aber Gott erkennt ohne Frage jede Bitte um Hilfe, in welche Form auch immer sie sich kleidet, und er findet einen Weg, uns so viel Hilfe zukommen zu lassen, wie wir zu dieser Zeit annehmen können.

Meine Hilfe kam in der Form des *Kurses in Wundern*®, aber ich versichere Ihnen, dass ich sie zunächst nicht erkannte. Ich las anfangs nur, um mich einer Pflicht zu entledigen. Als ich fortfuhr, war ich verblüfft über das, was geschah. In einer tieferen Schicht meines Inneren, von der ich nicht einmal geahnt hatte, dass es sie gab, wurde mir mit einem Schlag vollkommen bewusst, dass ich meinen Weg gefunden hatte. Dennoch war ich nicht darauf vorbereitet, eine innere Stimme zu hören, die mir sagte: »Arzt, heile dich selbst.«

Zu meinem Erstaunen nahm mich der *Kurs* völlig gefangen, und ich erlebte zeitweilig einen Seelenfrieden, den ich nicht für möglich gehalten hätte. Ein gänzlich neues Leben begann sich vor mir aufzutun, als ich erkannte, dass mein Zweck hier auf Erden nur darin bestand, Gott zu erfahren und Frieden zu verbreiten. Mit anderen Worten, nur Liebe zu lehren. Dann begann ich, die Weltanschauung des *Kurses* sowohl auf mein persönliches als auch auf mein berufliches Leben zu beziehen. Die künstlichen Mauern, die ich zwischen beiden errichtet hatte, begannen sich aufzulösen.

Etwa fünf Monate, nachdem ich mit dem *Kurs in Wundern*® begonnen hatte, machte ich eine entscheidende Erfahrung. An einem Sonntagabend war ich mit einigen Freunden aus Carmel zum Essen gegangen. Ich hatte viel getrunken, aber nicht mehr als sonst, und ich hielt mich nicht für betrunken. Gegen Mitternacht ging ich zu Bett, und um zwei Uhr morgens wurde ich von einer Stimme geweckt. Einen Augenblick dachte ich, es sei eine Halluzination, und in der nächsten Sekunde würde ich vielleicht anfangen, violette Elefanten an der Wand zu sehen, und im »Delirium tremens« versinken. Ich bekam einen Schrecken und setzte mich sofort im Bett auf. Da hörte ich sie wieder. Diesmal wusste ich, dass es keine äußere, sondern eine innere Stimme war. Dann erklang sie zum dritten Mal: »Du trittst in eine neue Phase des Heilens. Jetzt hast du es nicht mehr nötig zu trinken.«

Ich fing an zu schwitzen. Was würde ich als Nächstes hören? Aber es kam nichts mehr, und nach ungefähr zwei Stunden schlief ich wieder ein. Als ich am Morgen erwachte, hatte ich die Erinnerung an das Geschehene vollkommen verdrängt. Ich rasierte mich, nahm eine Dusche und ging wie gewöhnlich zur Arbeit.

Um halb sieben Uhr abends kehrte ich zurück und griff nach alter Gewohnheit zur Whiskyflasche. Als ich jedoch meine Hand nach ihr ausstreckte, vernahm ich wieder die Stimme: »Dies ist eine neue Phase des Heilens. Jetzt hast du es nicht mehr nötig zu trinken.« Ich zog meine Hand zurück. Überraschenderweise ging mir in den folgenden Wochen und Monaten das Trinken überhaupt nicht ab, und ich hatte nie das Gefühl, dass ich ein Opfer brachte oder gesellschaftlich eine Niete war.

Ich glaube, dass der Sinn der göttlichen Führung darin besteht, uns zu zeigen, wie wir unser Denken von der Angst befreien können, damit wir seinen Frieden erfahren und wahrhaft freundlich und sensibel zu anderen sind, denn dazu sind wir nicht in der Lage, wenn wir von Angst besetzt sind. Sowohl »Nein« als auch »Ja« müssen wir daher der Führung durch die Liebe überlassen.

Innerhalb von drei Monaten nachdem ich die Stimme gehört hatte, nahm ich dreißig Pfund ab und kam von 192 auf 162 Pfund. Es war eine herrliche Erfahrung, meine sämtlichen Kleider zum Schneider zu tragen und enger machen zu lassen. Es war, als bestätigte sich ein Wunder, an das ein Teil von mir noch immer nicht glauben konnte.

Die gespaltene Existenz, die ich geführt hatte, in der ich eine Persönlichkeit in meinem Sprechzimmer und eine andere draußen war, begann sich aufzulösen. Mir wurde offenbar, dass der einzige Weg zum inneren Frieden in einem Leben bestand, das mit sich im Einklang war. Jeder Aspekt meines Lebens musste darin eingeschlossen sein.

Solange wir nicht begreifen, wie wichtig es ist, dass unser ganzes Denken, Reden und Handeln übereinstimmen, kommen wir nur sehr langsam voran. Wenn unser Ziel noch nicht darauf ausgerichtet ist, mit Güte auf jeden Hilferuf zu antworten, meinen wir auch, dass uns oft Hilfe vorenthalten wird, wenn wir selbst danach rufen. Wenn wir Hilfe geben, erkennen wir unweigerlich, dass die Antwort auf alle unsere Nöte bereits in der Situation enthalten ist, die uns vermeintlich Schmerz zufügt. Wenn wir völlig offen werden und nieman dem Schaden zufügen, begreifen wir, dass es keinen Menschen gibt, der uns nicht Hilfe geben könnte, und keinen Augenblick, in dem wir nicht von der Liebe Gottes, seiner Führung und Gegenwart umgeben sind.

4
Heile dich selbst

Wir sind alle geistig miteinander verbunden. Daher kann jede Heilung als eine Selbstheilung betrachtet werden. Unser innerer Friede wird von selbst auf andere übergehen, wenn wir ihn selbst angenommen haben. Alles Heilen ist ein inneres Heilen, weil Liebe durch das scheinbar Getrennte oder Äußerliche nicht behindert werden kann. Wenn wir einem anderen geben, beschenken wir uns selbst. Deshalb ist die Stärke eines jeden Geistes die unsere; deshalb kann die Stimme der Liebe oder Einheit immer gehört werden. Deshalb vollzieht sich jede Korrektur im Geist, und deshalb ist Liebe unsere einzige Funktion und Bestimmung.

Wir alle sind geistig durch die Liebe verbunden

Überdenken Sie einen Augenblick das Konzept, dass es einen allverbindenden universellen Geist, eine alles durchdringende Intelligenz gibt, und bedenken Sie auch, was sich daraus ergibt, nämlich dass es keinen völlig getrennten Geist gibt. Das lässt sich denken, wenn man sich das Universum als einen Ozean vorstellt. Auf seiner Oberfläche befinden sich Wellen, aber diese Wellen bestehen aus dem Ozean bzw. aus Wasser. Wenn eine Welle sich plötzlich ganz vom Ozean trennen wollte, müsste sie dazu ganz ohne Wasser und ohne jede Verbindung mit der Bewegung des Ozeans sein. Wie könnte sie dann dahinrollen und glitzern oder in irgendeiner Weise wie eine Welle sein? Die simple Tatsache ist die, dass eine Welle sich nicht von der Masse aller Wellen trennen und dabei noch eine Welle bleiben kann.

Hier ist eine weitere Analogie, wobei Wasser erneut als Symbol für den Geist steht. Stellen Sie sich das Universum als einen riesigen Teich vor, der ganz aus Wasser besteht und ganz mit Wasser angefüllt ist. Schöpfen Sie einen Eimer mit Wasser heraus und gießen Sie ihn zurück und beobachten Sie, wie die kleinen Wellen jedes andere Wasserteilchen im Universum beeinflussen. Beobachten Sie außerdem, dass das zurückgegossene Wasser seiner Wirkung auf das ganze Wasser im Universum nicht bewusst sein muss, um diese Wirkung auszuüben. Es tut seine Wirkung unabhängig davon.

Analogien können natürlich nichts beweisen, aber es geht uns auch nicht um einen Beweis. Vielmehr ist es uns um eine Erweiterung unserer Erfahrung zu tun. Jeder von uns ist mit allen lebenden Wesen verbunden, ob wir uns dieser wunderbaren Tatsache bewusst sind oder nicht. Unser mangelndes Bewusstsein dieser Tatsache ist der Grund all unserer Nöte.

Wir besitzen keine privaten oder wirkungslosen Gedanken, *vorausgesetzt, dass unsere Gedanken wahrhaftig bzw. wirklich sind.* Wenn ich als ein geistiges Wesen mit dem Geist aller anderen verbunden bin, dann habe ich Einfluss auf andere, ob ich es will oder nicht. Wenn ich jedoch meine, dass ich mich von dem großen Geist vollkommen trennen kann, dann gebe ich mich einfach einer Selbsttäuschung hin, denn das kann ich ebenso wenig, wie eine Welle sich vom Ozean trennen und noch Welle bleiben kann. Und wenn eine Welle sich irgendwie einbilden würde, dass sie dies vermag, dann würde dieser Glaube keine Wirkung auf das perfekte Funktionieren des Ozeans haben. Jegliche Gedanken und Gefühle, die auf dem Glauben beruhen, dass ich mich vom Leben abschneiden könnte, vermögen das Leben nicht wirklich zu berühren. Mit anderen Worten, unsere negativen Gefühle und Vorstellungen verändern die Wirklichkeit nicht, und dies ist der eigentliche Grund, warum alle Gedanken an Schuld ebenso grundlos wie unnütz sind. Es ist aber auch wichtig zu erkennen, dass unsere ängstlichen und destruktiven Gedanken weder zu unserem Wohl noch zum Glück und zur Gesundheit der anderen beitragen. Was wir denken, ist entweder ein Teil des Problems oder ein Teil der Antwort.

Es gibt Gedanken, die wahr und solche, die verfehlt sind. Der Gedanke der Liebe ist zum Beispiel ein Licht, das Gedanken der Einsamkeit, der Krankheit, der Schmerzen und der Depression aus unserem Gemüt vertreiben kann. Andererseits können Gedanken der Schuld und Angst sehr schmerzhaft sein, aber sie beeinträchtigen nicht den Kern unseres Wesens, der Frieden und Liebe ist.

Unser Körper ist wie eine Maschine, die uns etwas lehren will. Sie gibt, wie auf einem Bildschirm, alle Gedanken und Gefühle wieder, die wir in sie hineinprogrammieren. Alle Programme kommen durch den Geist herein, und der ganze Körper reflektiert das, was wir unserem Geist eingespeichert haben. Unser Körper wird Gedanken manifestieren, die voll Konflikt und Angst sind, oder friedliche, liebevolle und glückliche. Nicht er, sondern wir haben die Wahl.

Dieses Konzept kann Schuldgefühle und Verwirrungen des

Ego heraufbeschwören. Es sieht in diesem einfachen Verhältnis von Ursache und Wirkung nur eine weitere Gelegenheit zu urteilen. »Wenn ich krank oder unattraktiv bin«, denkt es dann, »muss ich wohl im Geist etwas falsch machen.« Aber das stimmt natürlich nicht ganz. Erstens stellt das Ego sein eigenes Urteil darüber, was dem Körper fehlt, nicht in Frage. Zweitens nimmt es an, dass Selbstzensur Hilfe bringen würde. Und drittens glaubt es, es hinge nur von ihm selbst ab, die Richtung des Denkens zu ändern.

Sich ängstliche Sorgen darüber zu machen, wie wir den Geist eingesetzt haben, ist nur eine weitere Art, ihn zu missbrauchen. Angst und Reue sind nie ein Teil des Inneren Heilens, weil sie ein Festhalten an der Vergangenheit sind, und keine liebevolle, entspannte Bereitschaft, Gott *jetzt* um Hilfe zu bitten. Im Widerstreit mit unseren Gedanken zu sein ist nicht der erste Schritt zum Frieden. Wir brauchen nur so viel Zeit und Energie für das Ego aufzuwenden, als unsere negativen Gedanken genau anzuschauen und zu erkennen, dass sie nicht das sind, was wir wollen, was wir sein und was wir anderen darbringen möchten. Ein Fehler braucht lediglich als ein solcher wahrgenommen zu werden. Wenn wir ihn wahrgenommen haben, müssen wir uns unseren tieferen, wesentlicheren Gedanken zuwenden, den Gedanken der Vergebung, des Verstehens, der Liebe, der Dankbarkeit und des Friedens.

Der Körper reflektiert den Inhalt unseres Geistes. Wenn unser Geist im Frieden ist, dann ist es auch unser Körper. Aber ein friedlicher Geisteszustand kann nicht erzwungen werden, denn Zwang ist nicht friedlich. Noch einmal: Unser Geist verbindet sich mit allen anderen, und wenn wir Frieden im Gemüt haben, dann übertragen wir diesen Frieden auch auf andere. Andere danach zu beurteilen, ob sie krank sind oder Schwierigkeiten haben, ist weder für sie noch für uns eine Hilfe. Wenn andererseits unser Geist voll Aggressivität ist, dann wird der Geist der anderen nicht automatisch zu einem hilflosen Opfer unserer Aggressivität.

Der Grund dafür liegt darin, dass solche Gedanken auf dem Glauben beruhen, der Geist anderer unterscheide sich in seinem Zweck und Willen von dem unsrigen. Wenn wir über andere ein Urteil fällen, suchen wir uns nur selbst davon zu überzeugen, dass es vorteilhaft sei, andere als grundlegend verschieden von uns zu betrachten. Dieser sinnlose Wunsch kann der Wirklichkeit nichts anhaben, und daher tragen unsere aggressiven Gedanken zwar nichts zum Wohl unseres eigenen Körpers oder zur Annehmlichkeit und Freude anderer bei, richten im Universum aber auch kein großes Unheil an. Sie haben einfach teil an dem, oder sind ein Teil dessen, was man das kollektive Ego oder den kollektiven Wahn nennen könnte. Sie sind reine Zeitverschwendung, und schon aus diesem Grund sollten wir kein Interesse an ihnen haben.

Innerer Friede geht auf andere über

Unser Ego – der Teil unseres Geistes, der Angst ist – will Konflikt und Trennung, denn das ist seine Nahrung. Friede und innere Gelassenheit sind die Todfeinde des Ego. Liebe und Frieden sind so verwoben miteinander, dass das eine vom anderen nicht zu trennen ist. Daher werden wir erst dann die Erfahrung machen, ganz von Liebe eingehüllt zu sein, wenn wir innerlich Frieden zugelassen haben. Aber dieser

Friede hat überhaupt nichts mit dem zu tun, was in der Welt um uns geschieht.

Ich hörte einmal eine Geschichte, die diese Regel Inneren Heilens sehr schön veranschaulicht. Ein Pfarrer in der Schweiz war vierundsechzig Jahre alt und näherte sich dem Ruhestand, als er begann, über sein Leben und seinen Glauben an Gott Fragen zu stellen. Dabei kamen ihm viele Zweifel über sich selbst und seinen Begriff der Wirklichkeit. Das deprimierte ihn so, dass er beschloss, Gott in die Ecke zu stellen und sich von einem anderen Pfarrer ablösen zu lassen. Seine Haupttätigkeit bestand nun darin, die Kneipe vor Ort aufzusuchen.

Einige Tage nachdem all diese Veränderungen begonnen hatten, erreichte ihn die Nachricht einer Frau in seiner Gemeinde, dass ihr Mann soeben gestorben sei. Sie wohnte nur zwei Häuser weiter, und der Pfarrer ging unverzüglich zu ihr. Er wusste genau, was er zu sagen hatte, weil er schon so oft in dieser Lage gewesen war. Aber gerade als er seinen Mund auftun wollte, sagte eine leise Stimme in seinem Inneren: »Sag nichts, denke nur das Wort *Frieden.*« Es vergingen etwa fünf Minuten, und er setzte wieder zu seiner Rede an, und wieder empfing er dieselbe Botschaft. Eine Stunde verging, und dann begann die Frau zu sprechen. Sie sagte, sie könne nicht begreifen, was geschehen sei. Ihr Mann lag tot im Bett, und sie empfand nun mehr Frieden als in ihrem ganzen Leben. Er sagte ihr, dass auch er einen Frieden erlebte wie nie zuvor. Zum ersten Mal erkannte er, was der Frieden Gottes war.

Denken wir jeden Tag, jede Minute, jede Sekunde daran und vor allem morgens, wenn wir aufstehen, dass alle anderen in der Welt ein gewisses Maß an Frieden empfangen, wenn wir für uns Frieden angenommen haben. Auf diesem Wege wird die Welt sich verwandeln, und nicht, indem wir diejenigen angreifen, die dem Angriff das Wort reden.

Körperliche Zustände können wahre Kommunikation nicht blockieren

Wir schützen unsere geistige Privatsphäre oder unser Gefühl der Getrenntheit in mancherlei Weise. Eine davon, die mir in meiner Arbeit häufig begegnet, ist die Ansicht, dass eine tiefe und sinnvolle Kommunikation mit einem anderen wegen eines bestimmten Körperzustands *von vornherein* blockiert sei. Das Alter des Körpers, eine physische Gehirnschädigung, Unterschiede des ethnischen oder sozialen Milieus, Autismus, Sprachbarrieren und Trunkenheit sind nur einige Beispiele der Unterschiede zwischen Körpern, die uns scheinbar geistig voneinander trennen. Aber diese physischen Realitäten spielen keine Rolle, weil die wirkliche Kommunikation und alles Gute, das ihr entspringt, sich zwischen unserem Zentrum der Liebe und dem der anderen abspielt, unbeschadet von Bildung, Ausbildung, Alter oder dem Zustand unseres Gehirns. Ich gebe zu, dass diese Feststellung den meisten Menschen nicht einleuchten wird. Doch die konsequente, gradlinige Praxis der Liebe im Leben eines Individuums wird alle Wahrheitsbeweise bringen, die man sich nur wünschen kann, und mit der Zeit werden einem alle Argumente, dass es keine geistige Kommunikation gebe, nur noch töricht vorkommen.

Ich möchte Ihnen einen Bericht von Sharon Tennison vorlegen, einer Krankenschwester, die ihre Erfahrungen und Einsichten manchmal aufschreibt und sie mir zu lesen gibt. Sharons Gedanken illustrieren immer sehr schön die Tatsache, dass wir auf einer sehr tiefen Ebene miteinander verbunden sind und dass unser körperlicher Zustand, wie immer er beschaffen sein mag, die wirkliche Kommunikation nicht behindern kann.

Es ist ein Tag mitten im Dezember... Schon werden Weihnachtsgeschenke gebastelt oder eingekauft... meine Kinder sind abends beschäftigt... und ich habe nichts vor. Ich rufe in einem Krankenhaus an und frage, ob Hilfe für die Abendschicht gebraucht wird. Wie üblich ist es der Fall. Von einem Krankenhaus zum anderen zu wechseln und in jeder Abteilung oder Intensivstation zu arbeiten kann ein aufregendes Abenteuer sein. Man kann nie wissen, was für eine medizinische, emotionale oder spirituelle Krise die nächsten acht Stunden bringen werden oder was für Persönlichkeiten man am Ende der Schicht kennen gelernt hat. Auf dem Weg in eine Klinik bete ich gewöhnlich im Herzen darum, dass ich dort eingesetzt werden möge, wo meine Persönlichkeit von größtem Nutzen sein oder wo ich etwas lernen kann, was mein Kopf oder meine Seele nötig hat. Dann lasse ich die Angelegenheit ruhen und nehme an, dass ich, wo immer ich eingesetzt werde, auch sein soll.

An diesem bestimmten Abend bin ich einer medizinischen Station zugeteilt. Die Schwester von der früheren Schicht berichtet mir von einem sehr reizbaren Patienten auf Zimmer 322. Es handelt sich um einen vierundvierzigjährigen (mein Alter) Alkoholiker im Endstadium, der sich an der Welt durch alle möglichen antisozialen Handlungen rächt. Das Neueste ist seine Weigerung, die Bettschüssel zu verlangen, so dass das Personal unentwegt Bettwäsche wechseln muss. Er ist feindselig und rauflustig und muss an Körper und Handgelenken gesichert werden. Die Tagesschwester ist froh, ihn loszuwerden, und ich bin nicht sicher, ob ich ihn mir zusammen mit acht anderen Patienten zumuten kann.

Ich mache die Runde durch die Krankenzimmer, und als ich in die Nähe von Zimmer 322 komme, weht mir ein starker Geruch von Formaldehyd entgegen. Als ich das Zimmer betrete, steigert er sich widerwärtig. Die Vorhänge um das Bett 322-B sind dicht zugezogen. Ich spähe hinein, und da liegt in dem Bett, in Fötusstellung zusammengerollt, mit hoch aufgetürmten Decken, ein verschrumpelter kleiner Körper, der wie eines meiner Versuchsobjekte im anatomischen oder physiologischen Labor riecht. Ich ziehe ihm die Decke ein wenig vom Gesicht, um seine Aufmerksamkeit zu erregen, aber er scheint nicht aufzuwachen. Als ich zum dritten Mal versuche, ihn munter zu machen, schleudert er mir Schimpfworte entgegen, packt die Decke und verschwindet wieder darunter.

Ich stehe da, schaue auf das kleine Häuflein Mensch, denke an meinen eigenen gesunden Körper und frage mich, wie jemandem in vierundvierzig Jahren so etwas geschehen konnte. Dass er so alt ist wie ich, schafft in meinem Herzen ein noch stärkeres Band zwischen uns. Wie konnte so etwas geschehen?

Ich gehe hinaus und mache weiter Dienst von Zimmer zu Zimmer, bis ich über die restlichen Patienten so ziemlich Bescheid weiß. Sie sind recht stabil, emotional geborgen

und haben Familienmitglieder, die ihnen Beistand und Liebe geben. Nur der kleine Mann auf 322... ich erkundige mich bei der Aufnahme... nein, er hat nie Besuch. Seiner Karteikarte entnehme ich, dass er Paraldehyd bekommt, alle sechs Stunden 10 Milliliter intramuskulär gespritzt wegen »Delirium tremens«, daher der widerwärtige Geruch.
Um fünf Uhr wird das Abendessen gebracht. Ich gehe in sein Zimmer, um nachzusehen, ob er imstande ist, zu essen. Er weiß nicht einmal, dass das Tablett da ist. Ich gewöhne mich langsam an das dunkler werdende Zimmer mit den noch immer dicht zugezogenen Bettvorhängen. Ich führe behutsam einen Löffel an den Mund des Patienten, und zu meinem Erstaunen nimmt er ihn. Dann noch einen. Und noch einen. Mir gehen die Gedanken noch immer im Kopf herum, und ich überlege, ob es irgendeinen Weg gäbe, um diese kleine, in sich zurückgezogene Seele zu erreichen. Mein Herz sagt mir, dass er wahrscheinlich nichts anderes registrieren würde als liebevollen, behutsamen Dienst. Als er genug gegessen hat, zieht er sich die Decke über den Mund und verschwindet wieder wortlos darunter. Ich trage das Tablett aus seinem Zimmer und erfülle weiter meine Pflichten als Nachtschwester.
Um sechs Uhr ist es Zeit für seine Paraldehyd-Spritze. Fünf Milliliter in jede Gesäßbacke – eine riesige Dosis für den Muskel – und ich fürchte mich davor, diesem kleinen Mann, der sowieso schon Schmerzen hat, das anzutun. Ich mache mich mit den beiden aufgezogenen Spritzen auf den Weg zu seinem Zimmer. Als ich eintrete, bemerke ich, dass der Geruch von Formaldehyd jetzt mit einem

anderen vermischt ist. Er hat sich wieder gegen die Welt zur Wehr gesetzt – vielleicht mit dem einzigen Mittel, das ihm noch übrig bleibt, da seine Hände angebunden sind und seine Tage gezählt. Wenn man mit Menschen in diesem Zustand arbeitet, werden die Sinne, wenn nötig, unempfindlich.

Das Zimmer ist jetzt fast dunkel... Über der Tür brennt nur ein schwaches Nachtlicht... und da stehe ich schweigend neben dem Bett mit den Vorhängen. Kleine Erinnerungen kommen mir wieder in den Sinn: Worte von Dr. Jampolsky, der neulich darüber gesprochen hatte, dass die »widerwärtigsten Menschen diejenigen sind, die der Liebe am meisten bedürfen«, über Gedanken wie die »Liebe weitergeben«, über das »Loslassen des inneren Gutachters« und darüber, dass man »diesen kleinen Mann anschauen, wirklich anschauen und ihn zu seinem Bruder machen« solle. Und weil mir nichts anderes einfällt, gebe ich diesen Gedanken einfach zwischen uns Raum, in einem fast tranceartigen Schweigen. Und etwas quillt mir im Herzen auf, ein anderes Gefühl, eine Erkenntnis, und irgendwo tief in meinem Inneren kommt mir ein Wissen, dass dieser kleine Mann in seinen ganzen vierundvierzig Jahren vielleicht noch nie berührt worden ist. Vielleicht war er ein armer kleiner mexikanischer Junge, der Jüngste einer großen Familie, geboren an einem staubigen Ort voll Verwirrung und Frustration, wo Wanderarbeiter ums Überleben kämpfen. Ich sah, wie ein magerer kleiner Junge in dieser Welt heranwuchs ohne Ausbildung, ohne Hilfe, ohne Liebe – und vielleicht war die Flasche der einzige Trost, den er im Leben hatte. War dieser kleine Junge meiner Vision eine Einbildung, oder könnte es eine von den seltenen Intuitionen gewesen sein? Ich weiß es nicht und es tut auch nichts zur Sache, weil es mir wirklich einen Einblick gegeben hat, wie mein Patient sein könnte, und mich zu einer tiefen Anteilnahme veranlasst, die ich geradezu körperlich empfinde.

Ich strecke meine Hand aus und streiche ihm das schwarze Haar aus den Augen. Er rührt sich nicht. Wieder berühre ich seine Stirn und streiche noch eine Haarsträhne weg. Das Mindeste, was ich dem kleinen Jungen in meinen Gedanken geben kann, ist die Berührung, die er vielleicht niemals bekommen hat. Dann setze ich mich auf sein Bett, lasse meinem Herzen freien Lauf, und meine Hände trösten ganz schlicht und einfach. Die gemischten Gerüche des Zimmers sind aus meinem Bewusstsein verschwunden, und die Injektionsnadeln warten geduldig. Mir ist, als schwebte ich irgendwo zwischen dem alltäglichen und einem himmlischen Raum, an einem Ort des Jetzt, wo nichts zählt als dieser Augenblick. Irgendwann höre ich, wie ich mit einer Stimme, die liebevoller klingt als sonst, zu ihm sage: »Ich weiß, wenn Sie die Chance hätten, Ihr Leben noch einmal zu leben, würden Sie sich nicht für die Flasche entscheiden.« Es klingt seltsam, nachdem ich es ausgesprochen habe, aber es muss wohl das Richtige gewesen sein. Eine verhaltene, traurige Stimme kommt zurück: »O nein« – ganz durchdrungen von Gefühl und Trauer. Dann beginnt er mir stockend zu erzählen, dass er schon als Teenager in El Paso, Texas, zu trinken begonnen hatte. Von Anfang an hatte er das harte Leben in einer Grenzstadt geführt. »Ich hasse den Geschmack. Ich trinke, um mein Elend zu vergessen.« Irgendwann in unserem Gespräch frage ich ihn, ob wir irgendetwas tun könnten, um ihm zu helfen, seine Sucht zu überwinden, aber er sagt, nein, sie ist wie ein Ungeheuer. Er weiß, dass er wieder rückfällig werden wird, wenn er noch einmal davonkommt und aus dem Krankenhaus entlassen wird.

Ich überlege: Alle meine Fähigkeiten als Krankenschwester sind darauf ausgerichtet, Menschen zu helfen, ihre Lebensprobleme zu sehen, ihnen zu helfen, die Stärke aufzubringen, um ihre Grenzen zu überschreiten, ihnen Beistand und Liebe und den Zuspruch anzubieten, der ihnen den Glauben an sich selbst zurückgibt – und doch nützt mir das hier nichts. Mein Herz hat diesen kleinen Mann einfach lieb. Ob er das Trinken aufgeben kann oder nicht, ist mir nicht wichtig. Er ist kostbar, und durch eine Laune des Schicksals war es mir vergönnt, in ihn hineinzublicken und ihn auf einer tiefen Ebene zu lieben, die vom Alkohol unberührt ist. Und ich darf ihm sagen, dass ich weiß, was für ein Kampf sein Leben gewesen ist, und dass ich es verstehe, wenn er nicht aufhören kann – es ist in Ordnung; dass ich in ihm einen ganz besonderen Menschen sehe und dass ich alles in meiner Macht Stehende tun möchte, damit er sich wohl fühlt. Jetzt halten wir uns an den Händen, und das Zimmer ist durchdrungen von einem unglaublich starken Gefühl.

Ich werde mir einer anderen Wirklichkeit bewusst: Das Bett muss frisch überzogen werden, und die Spritzen sind über dreißig Minuten verspätet. Aber was geschehen ist, war wichtiger. Ich spüre, dass diese kleine Seele den verkrüppelten Körper vielleicht verlassen muss, aber sie kann in die Ewigkeit eingehen mit dem Wissen, dass sie einmal erlebt hat, geliebt und angenommen zu sein.

Ich verlasse das Zimmer und gehe frische Bettwäsche holen, und ich höre, wie ich ausrufe: »O Jesus, so müssen deine Gefühle sein – für alle Kinder der Erde –, wenn wir uns im Netz unserer Beschränkungen verstricken und in die Irre gehen. Du siehst über all das hinaus in den Kern unseres Wesens.« So ist es also, wenn man bedingungslose Liebe spürt. So tief habe ich sie noch nie erfahren, und ich fühle mich wie in eine andere Dimension entrückt, weil ich an dieser Einheit teilnehmen durfte.
Wir strecken diesen kleinen Mann aus, der nun nicht mehr gegen uns ankämpft, und wechseln seine Bettwäsche. Er entschuldigt sich für die Extraarbeit, die er uns macht. Es ist ein neues Gefühl im Raum, und ich erkenne erneut, welche Berge von Depression und Frustration abgetragen werden können, wenn wir einem anderen Liebe schenken.

Wenn wir anfangen zu glauben, dass unsere wahre Identität ein spirituelles Wesen ist und dass wir so viel mehr sind als ein Körper, beginnt unser ganzes Leben sich zu verändern. Wenn wir das Wesen von Geist und Licht in einem anderen Menschen sehen, können wir von unserer eigenen Körperlichkeit absehen und dasselbe Wesen in uns selbst erkennen. Diese tiefe Transformation verbindet uns zu einer Einheit miteinander und mit dem, der uns geschaffen hat. Daher findet wahre Heilung im Herzen, im Gemüt und in der Seele statt. Sie ist ein Akt der bedingungslosen Liebe, die nicht auf den körperlichen Verfall blickt und uns erlaubt, ungeachtet des körperlichen Zustands Freude und Frieden zu erleben.

Wie ich in diesem Buch noch oft betonen werde, geht es bei der Heilung von Einstellungen um die Innere Heilung.

5
Dem Frieden den Vorrang geben

Wenn ich jemandem erkläre, dass unser Zentrum keine Behandlung bietet, kommt am häufigsten die Antwort: »Ach, ich verstehe, Sie helfen den Kindern, sich mit Schmerzen und Tod abzufinden.« Dies ist in der Tat eine vernünftige Annahme, aber es ist nicht die Innere Heilung.

Innere Heilung erkennt eine Realität an, die nicht mit Schwierigkeiten, Aufregungen, noch nicht einmal mit Tragödien verbunden ist. Diese Realität ist die Liebe. Und zu Liebe findet man nur Zugang und assimiliert sie nur dann, wenn der Geist kein Interesse mehr daran hat, zu kämpfen oder sich dem Elend des Lebens zu unterwerfen. Wenn der Sinn dieser Aussage einem Menschen zum ersten Mal dämmert, dann ist seine erste Reaktion vielleicht Verunsicherung, und er weiß nicht, wie er sich verhalten soll, denn unser Ego will immer wissen, wie die Wahrheit in der Welt umgesetzt werden kann. Aber es ist natürlich so, dass die Wahrheit der Liebe sich nicht umsetzen lässt; wir können ihr nur unser Herz öffnen. Ist dies geschehen, so werden wir instinktiv in der rechten Weise handeln.

Ein Zentrum für Kinder mit katastrophischen Krankheiten, das weder das Ziel hat, den Körper zu heilen, noch, den Geist zu überreden, sich mit der Krankheit abzufinden, verlangt keine bestimmte Verhaltensweise von den Menschen, die es aufsuchen. Bei der Inneren Heilung geht es nicht um irgendeine Verhaltensweise, und das war manchmal frustrierend für Leute, die von uns eine Stellungnahme zu einer bestimmten Behandlung, zu Diät oder anderen Vorschriften haben wollten. Wir vertreten den Standpunkt, dass das Individuum die Mittel in sich hat, diese Entscheidung selbst zu treffen, und wir sind nur dazu da, ihm und uns zu helfen, tiefer in diesen Ort der Stärke und des Verstehens einzudringen.

Wie soll dann ein Mensch, der die Wahrheit der Liebe sucht, seine Entscheidungen treffen? Innere Heilung befasst sich mit dieser Frage, denn sie anerkennt, dass *Entscheidungen getroffen werden, indem wir lernen, auf die innere Stimme zu hören, die den Frieden will. Es gibt kein richtiges oder falsches Verhalten. Die einzig sinnvolle Wahl ist die zwischen Angst und Liebe.*

Es muss einen besseren Weg geben

In diesem Buch habe ich oft daraufhin gewiesen, wie wir gewöhnlich unsere Entscheidungen treffen: indem wir die Situation beurteilen und die Vergangenheit konsultieren, was wir verändern und wie wir es verändern sollen. Es ist immer die Situation oder es sind die Menschen darin, die offenbar der Korrektur bedürfen. Wenn wir den Rat bekommen, den Blick von den äußeren Umständen weg und auf unseren psychischen Zustand zu richten, so ist dazu vielleicht ein Maß an Vertrauen nötig, das wir üblicherweise nicht zulassen. Andererseits leuchtet es gewiss ein, dass immer dann, wenn wir unser Leben nach der Vergangenheit ausrichten, nichts Neues in unser Leben eintreten kann. Wenn wir es ablehnen zu urteilen – das heißt, rein auf der Vergangenheit beruhende Maßstäbe anzulegen –, können wir das Geschehen direkt in den Blick fassen und uns jener anderen Wirklichkeit in unserem Inneren zuwenden, die nicht an alte Erfahrungen gebunden ist, und einen frischen Einblick gewinnen. In unserer kurzen Lebenszeit sammeln wir keine überwältigenden Vorräte an Weisheit an. Sie ist außerdem meist so einseitig und gibt uns ein so verzerrtes Bild, dass sie nur von sehr geringem Nutzen für uns ist.

Ich kenne keine Geschichte, die dies besser illustrieren würde als die von Aeeshah Ababio. Sie ist ein bewegendes Beispiel unserer Fähigkeit, wie wir unsere persönliche Geschichte hinter uns lassen und uns den Stimmen des Glücks zuwenden können, die wir in unserem Herzen hören.

Aeeshah hat mit uns allen am Zentrum mehrere Jahre lang eng zusammengearbeitet. Ihre Gaben der Liebe und des Humors und ihre besonderen Kenntnisse haben das Leben vieler alter und junger Menschen verwandelt. Aber es ist noch nicht lange her, dass es für sie undenkbar gewesen wäre, auf so persönlich-intime Weise mit Weißen zu arbeiten. Im Folgenden berichtet sie, wie diese große Veränderung ihrer Wahrnehmung zustande kam.

Bevor ich den Kurs in Wundern® studierte, war ich eine »Black Muslim« und glaubte, dass nur einige Menschen auf Erden Kinder Gottes waren. Ich meinte, dass ich mich von denen trennen müsse, die gottlos waren, und ich hatte keine Ahnung, dass ich mich mit dieser Haltung von der Erfahrung der Totalität Gottes abgrenzte. Ich dachte, wenn Gott gewollt hätte, dass alle Brüder wären und brüderliche Liebe erführen, dann hätte er alle Menschen in die afrikanische Rassengemeinschaft aufgenommen.

Ich hatte eine ungeheure Menge Liebe in meinem Herzen, aber ich gab sie nur einem Teil der Menschen auf dieser Erde, und ich steigerte noch meine Verwirrung, indem ich anderen dasselbe beibrachte. Ich lehrte Liebe und Angst. Ich sagte meinem Volk, dass sie die Weißen fürchten und hassen müssen, weil sie wegen ihrer Hautfarbe keine Kinder Gottes seien. Das führte dazu, dass auch meine Erfahrungen mit den Menschen dieser Erde Liebe und Hass vermischten, und ich erfuhr die Ganzheit der Liebe Gottes nicht.

Sie werden sich fragen, wie ich mich von diesem Zustand der Verwirrung befreite. Ich habe es nicht alleine geschafft. Ich bekam Hilfe von meinem inneren Meister, den ich jetzt »Heiliger Geist« nenne.

Als ich mich noch auf dem Weg der spirituellen Verwirrung befand, erlebte ich Augenblicke, in denen mich der innere Drang überkam, mehr zu wissen und mehr zu sein, als mir bisher gezeigt worden war. Mir begegneten Bücher, die sich nicht auf meinen erwählten Pfad bezogen, aber sie sprachen von einem anderen Weg, der mit dem Begriff der Einheit Gottes zu tun hatte. Diese Bücher erweckten in mir eine Sehnsucht, die ich nicht erfüllen konnte. Mein Verlangen, mit Gott eins zu sein, war wie ein winziges Licht in einem dunklen Raum, und ich begann, meinen Glauben in Frage zu stellen. Ich fragte: »Wie kann es eine Einheit Gottes geben, wenn einige davon ausgeschlossen sind?« Je mehr ich mich der Erfahrung

dieser Einheit öffnete, desto mehr erkannte ich in dem von mir erwählten Pfad eine Schwäche, die einer Überprüfung durch die Vernunft nicht standhalten konnte.
Eines Tages fragte ich in einem Augenblick innerer Bedrängnis: »Wie kann ich die Einheit in Gott erfahren, wenn es sie gibt?« Kaum hatte ich meine Frage gestellt, als mir die Antwort auch schon erteilt wurde. Es war an einem Sonntagnachmittag, und ich las gerade die Tribune. Auf der ersten Seite stand ein Artikel, der ein spirituelles Seminar an einer Universität in der Nähe ankündigte. Während ich las, sagte mir eine innere Stimme deutlich, dass ich dieses Seminar besuchen sollte. Das verblüffte mich, denn ich hatte noch nie eine innere Stimme gehört. Ich konzentrierte mich auf das, was ich gehört hatte, und, ich vernahm wieder: »Geh!«
Am nächsten Morgen telefonierte ich mit der Institution, wo das Seminar stattfinden sollte. Ich sprach mit der Sekretärin, die mich sogleich an den Programmdirektor verwies. Ich stellte mich vor und bat um einen Gesprächstermin. Er sagte, er wolle mich gerne treffen, und wir vereinbarten einen Termin für den nächsten Nachmittag.
Als ich ankam, war mir etwas mulmig zumute, was die Gründe meines Hierseins betraf und ich ging in das Büro der Verwaltung, nur um das Gespräch hinter mich zu bringen. Die Sekretärin teilte mir mit, dass der Direktor mich erwarte, und führte mich in sein Büro. Ich saß da und fragte mich, was dieser Mann wohl von mir denken mochte. Hielt er mich für verrückt, weil meine Art von Kleidung in der breiteren Gesellschaft nicht akzeptabel war? Fragte er sich wohl, warum diese Frau von den Black Muslims ihn sprechen wollte? Alle möglichen Ge-

danken gingen mir durch den Kopf. Als ich auf einem Stuhl unmittelbar vor ihm saß, wartete er geduldig, während ich in meiner Tasche nach dem Zeitungsausschnitt über das spirituelle Seminar wühlte. Er fragte ganz leise: »Was kann ich für Sie tun?« Ich begann nonstop über meinen erwählten spirituellen Weg zu sprechen und sagte, dass ich die innere Weisung bekommen hätte, an dieser Tagung teilzunehmen, und fragte, ob ich kommen könnte. Ich fügte hinzu, dass ich kein Geld hatte und wüsste, dass eine Teilnahmegebühr zu bezahlen war.

Er hörte sehr aufmerksam zu und nickte, als habe er verstanden. Dann sagte er: »Sie können teilnehmen, wenn Sie bereit dazu sind, die Gebühr später zu bezahlen.« Ich war einverstanden und verließ sein Büro mit dem Gefühl, etwas geschafft zu haben.

Am folgenden Sonntag saß ich in einem großen Auditorium, das voll von Leuten war, die ich fürchten und hassen sollte, wie ich gelehrt worden war, weil sie gottlos waren. Ich wechselte in die erste Reihe, damit ich von diesem Volk, in dessen Mitte ich mich befand, nicht abgelenkt würde. Ich setzte mich hin und zog mir den Hut tief in die Stirn, damit meine Augen im Schatten waren, und ich verschränkte meine Arme als Zeichen, dass ich auf der Hut sein würde.

Der Tag begann mit Informationen von Parapsychologen, die die Kluft zwischen Psychologie und Spiritualität überbrücken sollten. Die Reden waren informativ, aber eher langweilig. Dann trat eine Frau namens Judy Skutch auf und stellte eine Reihe von Büchern mit dem Titel A Course in Miracles® vor. Ab sie die Einführung vorzulesen begann, hörte ich wieder eine innere Stimme, die mir sag-

te: »Das ist ein Werkzeug für dich, liebes Kind, gebrauche es, und ich werde dich führen. Denn ich bin immer bei dir.« Die Frau begann zu glühen, und wieder wurde mir gesagt: »Das ist deine Schwester, die ich innig liebe.« Mein Herz war von Liebe zu dieser Frau erfüllt. Ich fühlte mich auch geborgen und sicher. Das war eine sehr seltsame Erfahrung für mich, denn diese Frau gehörte dem Volk an, das ich für gottlos hielt. Dennoch sprach eine Stimme tief in meinem Inneren von Gottes Liebe zu ihr. Nach ihrem Vortrag blieb ich still sitzen und dachte darüber nach, was ich gehört hatte. Ich war nicht mehr in der Lage, meinen separatistischen Glauben auf meine Gefühle zu gründen, denn ich fühlte in diesem Augenblick nichts als bedingungslose Liebe für alle Kinder dieser Erde. In diesem Augenblick ging die Liebe Gottes in mein Herz ein und vertrieb den falschen Glauben, den ich hinsichtlich mancher seiner Kinder gehegt hatte.

Es war nicht einfach, diese transzendentale Wahrnehmung meiner Umgebung aufrechtzuerhalten, und mir kamen Zweifel an meinem Gefühl der Einheit. Ich fühlte mich innerlich wohl, aber ich war noch immer nicht sicher, ob ich Liebe empfinden sollte, ohne zu messen und zu bewerten. »Waren diese Bücher nötig?« Diese Frage war ständig in meinem Bewusstsein. Warum sollte ich dieser einen Erfahrung trauen und sie als gültigen Grund ansehen, eine Kassette von Büchern zu erwerben, die ich nicht näher geprüft hatte?

Ich blieb längere Zeit auf meinem Stuhl sitzen und beobachtete, wie die Leute nach hinten ins Auditorium gingen und Bücher bei einem Mann kauften, der lächelte und sehr höflich war. Ich dachte, es wäre wohl ganz abwegig, diese Bücher mit der Vorstellung zu kaufen, dass sie in meinem spirituellen Prozess einen nützlichen Zweck haben könnten. Ich sah mir alle Leute im Auditorium an und kam zu einem negativen Urteil. Dann ging ich langsam nach hinten und erkundigte mich nach dem Preis. Der Mann informierte mich auf ungewöhnlich herzliche Weise, dass alle vorrätigen Bücher ausverkauft seien. Ich war erleichtert und dachte, dies sei ein Zeichen dafür, dass ich sie mir nicht anschaffen sollte. Als ich mich gerade umdrehen wollte, sagte der Mann, er heiße Jerry Jampolsky, und wenn ich Lust hätte, könnte ich am Donnerstagabend zu einer Versammlung zu ihm nach Hause kommen. Er gab mir alle nötigen Hinweise. Ich verließ das Seminar und war sehr verwirrt hinsichtlich meines spirituellen Weges. Ich spürte aber auch, dass eine leise Stimme in meinem Inneren mich tröstete und sagte: »Sei ruhig, mein Kind, und wisse, dass ich immer bei dir bin.«

Damals bestand mein Freundes- und Helferkreis aus Leuten, die ebenso dachten wie ich. Ich überlegte, mit wem ich über diese Erfahrung reden konnte. Wie konnte ich jemandem sagen, dass ich zu einem Menschen gehen wollte, dem wir doch aus dem Wege gehen mussten, um nicht hinters Licht geführt zu werden? Ich wusste, dass ich nicht allein hingehen wollte, aber gehen wollte ich auf alle Fälle. Als ich über meine Situation nachdachte, hörte ich wieder für einen Augenblick die leise Stimme in meinem Inneren: »Mach dir keine Sorgen darüber, wer mit dir geht, denn das ist bereits erledigt.« Ich beruhigte mich und beschloss, diese Stimme nicht von mir zu weisen.

Am nächsten Tag rief eine liebe Freundin an und erkundigte sich nach dem spirituellen Seminar. Ich erzählte ihr von meinem Interesse für den Kurs in Wundern® und dass ich die Bücher kaufen wollte, aber ich müsste am nächsten Donnerstagabend nach Tiburon fahren. Sie war interessiert, aber unsicher, ob sie mitgehen sollte. Ich sagte ihr, dass ich nicht wollte, dass noch jemand etwas davon erfährt, weil wir unter Leuten sein würden, die keine Kinder Gottes waren. Als sie dies hörte, beschloss sie, dass sie mich unmöglich alleine hingehen lassen konnte.

Den Rest der Woche kämpfte ich gegen meinen Zwiespalt an. War ich verrückt? Ich wollte mich doch tatsächlich unter Leute begeben, die ich für teuflisch hielt. Warum wollte ich dorthin gehen? Um eine Kassette von Büchern zu kaufen, die mich nach Hause führen würden, wie eine innere Stimme mir nachdrücklich sagte. All das hatte eigentlich weder Hand noch Fuß. Aber ich wusste, dass ich hingehen würde.

Am Donnerstag kamen wir bei Jerry Jampolsky an, und er begrüßte uns mit einem warmen Lächeln. Natürlich misstraute ich seiner Herzlichkeit. Seine Wohnung war voll von Menschen, die ich allesamt als Kinder des Teufels klassifizierte. Ich erlebte mich abgetrennt von jedem Menschen im Raum außer von meiner Freundin. Da in dem Raum jedoch ein großes Gedränge war, wurden wir gezwungen, uns zu trennen. Schließlich saß ich still neben zwei fremden Körpern, die anders waren als der meine.

Als wir Platz genommen hatten, bekamen wir zuerst die Anweisung, uns an den Händen zu halten und unsere innere Verbundenheit zu erleben. Als ich meine Hände den Menschen neben mir entgegenhielt, schloss ich meine Augen, um die Gegenwart ihrer weißen Körper auszulöschen. Gedanken der Angst gingen mir durch den Kopf, der Angst vor der Vergangenheit, Angst vor Unterdrückung und Rassenkampf und Angst davor, dass die Kinder Gottes wirklich vereint und nicht getrennt waren. Ich fühlte, wie sie meine Hände fassten. Dann, als ich tief zu atmen begann und mich in dieser Umgebung entspannte, spürte ich einen Augenblick, dass ich geliebt und geborgen war. Und zu meiner Überraschung sandte ich den Menschen neben mir Liebe, und ich fühlte, wie ihre Liebesenergie zu jedem Menschen im Raum ausstrahlte. Dann vernahm ich wieder tief im Inneren die Stimme: »Mein Kind, lehre nur Liebe, denn das bist du.« Ich fühlte mich sicher und wie zu Hause. In diesem Augenblick wusste ich, dass jeder Mensch in diesem Zimmer mein Bruder und dass ich eins mit ihnen war. Als ich die Augen öffnete, waren diese Körper, die ich als Feinde betrachtet hatte, in Freunde und liebe Angehörige verwandelt worden.

Aeesha gründete später ein Zentrum für Innere Heilung in Oakland, Kalifornien, das die »Oakland Connection« genannt wurde. Neben vielen anderen Dingen, die dort stattfinden, geben sie und ihr Mann Kokomon Clottey Workshops zur Heilung von Rassismus. Sie haben ein wunderbares Buch – *Jenseits der Angst* – geschrieben, das auf ihrem Konzept der Heilung von Rassismus und auf den Grundsätzen der Inneren Heilung beruht. Außerdem konnte mit ihrer Hilfe ein Zentrum für Innere Heilung in Ghana, Westafrika, eingerichtet werden.

Frieden führt zu friedlichem Verhalten

Konsequenter Frieden ist nicht dasselbe wie reglementiertes Verhalten. Unser Verhalten sollte unserem inneren Frieden folgen wie das Kielwasser den Bewegungen eines Schiffes. Wenn das einzige Ziel unserer Handlungen Friede ist, wissen wir immer, was wir zu tun haben, weil wir dann das tun, was unseren Frieden bewahrt und vertieft. Dies steht in markantem Gegensatz zu dem erschöpfenden Versuch, alles danach zu beurteilen, ob es sich wohl als richtig erweisen wird.

Unser Ego möchte seinen Weg immer klar vor sich sehen, ehe es handelt. Es zieht den psychischen Konflikt der einfachen Handlung vor. Es hält lieber inne und schmort, statt mühelos vorwärts zu gehen, und so setzt es seine beliebte Verzögerungstaktik ein: die Frage von richtig und falsch.

Jeder möchte, wenigstens nach seinen eigenen Maßstäben, moralisch und gut sein, und daher benützt das Ego dieses Verlangen, um unsere Aufmerksamkeit mit endlosen Erwägungen der Folgen festzunageln. Aber wir können nur im Jetzt gut, freundlich und sanft sein. Auf keine Weise können wir in der Gegenwart die künftige Auswirkung unserer kleinsten Handlungen mit Genauigkeit vorherbestimmen. Und es bedarf nicht der Erwähnung, dass wir auf keinerlei Weise in der Zeit zurückgehen und vermeintliche Fehler der Vergangenheit ausmerzen können.

Auch wenn wir uns noch so sehr bemühen, werden wir doch niemals alle Menschen kennen, auf die unsere Handlungen sich auswirken, noch werden wir wissen, ob die Wirkung auf lange Sicht eine gute ist. Wozu das Unmögliche unternehmen, und sei es auch aus gutem Willen, da die echten Gelegenheiten, freundlich zu sein und wahre Hilfe zu geben, überall um uns vorhanden sind?

Wenn wir das verstehen, werden wir frei von Schuldgefühlen, die sich an die Zukunft klammern, und dürfen in der Gegenwart auf die Stimme des Friedens und der Liebe in unserem Herzen hören. Es muss jedoch betont werden, dass wir zu Beginn dieses Weges Vertrauen brauchen. Wir tun einfach das, was unser Gefühl des Friedens uns eingibt, obwohl wir das Ergebnis nicht kennen. Natürlich wussten wir auch früher das Ergebnis nie im Voraus, aber es gab uns ein gewisses Gefühl der Sicherheit zu denken, dass wir es immerhin geahnt hätten. Jetzt geben wir zu, dass die Wahl der Liebe eine verlässlichere Basis der Entscheidung ist als Mutmaßungen über künftige Folgen.

Dieses Konzept wurde mir bewusst, als ich vor einigen Monaten Carol Chapman und ihre Tochter Hillary traf, die mit einem Gehirntumor in der Kinderklinik von Los Angeles lag. Zwei Wochen danach bekam ich einen Anruf von Carol. Sie sagte mir, dass Hillary immer wieder in ein Koma fiel, und wenn sie bei Bewusstsein war, bat sie Carol, die Chemotherapie und Röntgenbestrahlung abzusetzen. Das verursachte Carol großen Kummer, und sie fragte mich, was sie tun sollte. Ich sagte ihr, wenn sie mir eine solche Frage vor einigen Jahren gestellt hätte, dann hätte ich genau gewusst, welchen Rat ich ihr geben sollte. Aber jetzt konnte ich ihr nur das eine sagen, was ich mir selbst sagen würde: still zu sein und auf die innere Stimme zu hören. Denn ich hatte aus meiner Erfahrung gelernt, dass nur die Stimme des Friedens in einer extremen und schmerzhaften Situation Beruhigung und Sicherheit bringt.

Meine Antwort befriedigte sie nicht. Sie sagte, sie wüsste,

dass ich ein Experte in diesen Fragen sei und daher imstande sein müsse, ihr zu einer bestimmten Handlungsweise zu raten. Wir sprachen noch eine Weile, aber als wir auflegten, war sie noch immer unzufrieden.

Am nächsten Tag rief Carol mich wieder an, und diesmal klang ihre Stimme heiter. Sie sagte mir, dass sie nach unserem Gespräch in der Lage gewesen sei, sich zu beruhigen und zu beten. Und sie erhielt die folgende Antwort: »Es gibt nichts Richtiges oder Falsches. Es gibt nur die Liebe.« Diese Antwort befreite ihr Gemüt von der Angst und erlaubte ihr, ihre Liebe zu ihrer Tochter zu Rate zu ziehen. Dann erkannte sie, dass sie alle Behandlungen absetzen sollte, so, wie es ihre Tochter verlangt hatte.

Drei Wochen später starb Hillary sehr friedlich. Carol erhielt die Nachricht während einer Tagung, bei der mehrere Eltern anwesend waren, die ebenfalls Kinder durch Krebs verloren hatten, und diese konnten sie auf eine Weise trösten, wie es nur Eltern vermögen, die dasselbe durchgemacht haben.

Wenn wir einmal erkannt haben, dass es keine ausgesprochen richtige oder falsche Handlungsweise gibt, können wir uns mit vollkommenem Vertrauen der Liebe zuwenden. Aber wir vernehmen diese Stimme des Friedens in unserem Herzen erst dann, wenn wir das ängstliche Festhalten an bestimmten Antworten aufgegeben haben. Zuerst müssen wir begreifen, dass zahlreiche alternative Handlungsweisen von dem Frieden und der Liebe, die wir uns wünschen, begleitet sein können. Wir begreifen, dass es nicht darum geht, für welche wir uns entscheiden, sondern darum, dass unsere Art des Handelns freundlich, arglos und harmonisch ist. Jetzt betonen wir das Wie unseres Vorgehens, nicht das Wohin. Aus dieser Art innerer Ruhe wird immer ein einfacher Hinweis kommen, was wir tun sollen. Unsere Aufgabe ist es, dies mit Güte zu tun, so dass wir wieder in den Frieden eingehen können. Wenn später ein Wechsel oder ein anderes Vorgehen nötig sein sollte, haben wir keine Angst davor, entsprechend zu handeln.

Statt alles zu beurteilen und Menschen und Umstände nach unseren Wünschen zurechtzubiegen, geht der Weg des Friedens leise und einfach vor sich. Wenn das Leben uns Überraschungen bringt, ist nun unsere erste Reaktion, diesen stillen Ort in unserem Herzen zu befragen. Wir halten inne und ruhen einen Augenblick in der Liebe Gottes. Wenn dann Handeln notwendig ist, um die Ruhe unseres Gemüts wiederherzustellen, gehen wir in der Weise vor, wie unsere Ruhe es uns eingibt. Wir handeln mit Zuversicht, denn sie wurde uns gegeben. Und wenn wir später noch einmal fragen müssen, tun wir es schnell und mit Leichtigkeit. Wir suchen nicht den Frieden, um unbeugsame Entschlüsse zu fassen oder uns langfristige Regeln vorzuschreiben, sondern um jene Entscheidungen zu treffen, die uns in diesem Augenblick den Frieden wiedergeben. Denn nur dann, wenn wir im Frieden sind, können wir wahrhaft gütig sein.

6
Die zwölf Grundsätze der Inneren Heilung

Kurz nachdem ich mit dem *Kurs in Wundern*® zu arbeiten begonnen hatte, erhielt ich den inneren Auftrag, ein Zentrum zu gründen, wo Kinder mit lebensbedrohenden Krankheiten sich begegnen und einander in einer Atmosphäre der Freiheit und des Angenommenseins helfen könnten. Als Arzt war ich in dem Glauben erzogen worden, dass eine kontrollierte, vorhersehbare Besserung nur auf vertikaler Ebene erfolgen konnte. Der Patient war wegen seiner geringen Erfahrung und seines begrenzten Wissens nicht in der Lage, sich selbst zu helfen. Würde er versuchen, anderen Patienten zu helfen oder sie um Hilfe zu bitten, so könnte das so gefährlich sein wie ein Blinder, der Blinde führt.

Der *Kurs* zeigte mir jetzt eine andere Auffassung, die mir bereits durch die weiter oben erwähnten Erkenntnisse deutlich geworden war. Diese Auffassung lieferte Beweise für ganz andere Tatsachen: dass wir einen inneren Arzt, die Stimme der Liebe besitzen. Und dass sie, wenn wir sie zur Kenntnis nehmen, nicht nur in uns, sondern im Herzen aller anderen, auch des kleinsten Kindes oder des einfachsten und ungebildetsten Erwachsenen zu hören ist. Wir vernehmen sie, wenn wir bei anderen auf sie hören. Weil sie Liebe ist, lernen wir sie kennen, indem wir lieben und ihr in jeder Einzelheit unseres Lebens vertrauen. Als Arzt hatte ich früher geglaubt, dass Freundlichkeit und Einfühlungsvermögen zwar nette Eigenschaften sind, dass es aber absolut nicht nötig sei, die Praxis der Liebe mit der Praxis der Medizin zu verbinden. Jetzt sah ich ein, dass Heilen und Liebe nicht voneinander zu trennen sind, und so wollte ich unser Zentrum zu einem Ort machen, wo jedes Bemühen, sich selbst oder einem anderen Menschen zu helfen, durch und durch gütig und freundlich sein würde.

Ich stellte mir weniger eine Organisation als eine Atmosphäre des gegenseitigen Vertrauens vor. Hier würden Ärzte, Therapeuten, ehrenamtliche Mitarbeiter und alle Hilfskräfte mit den Kindern zusammenkommen, um voneinander als Ebenbürtige zu lernen, und nicht von einer Position der Überlegenheit aus zu »lehren« oder Körper zu verändern. In unserem Zentrum haben wir daher eine Art Etikette für alle Gruppen und Aktivitäten eingeführt: Jeder muss seine Titel und sonstigen akademischen Würden ablegen, bevor er eintritt.

Ich wusste, dass das Zentrum eine Ergänzung der traditionellen medizinischen Behandlung, und nicht ein Ersatz dafür sein sollte. Das war deshalb wichtig, weil die eigentliche Wahl, die wir uns selbst und den Kindern boten, diejenige zwischen Konflikt und Frieden war. Wenn wir als Organisation den Fehler begehen würden, uns gegen das medizinische Establishment oder etwas anderes zu stellen, würden wir das Gegenteil von dem praktizieren, was wir zulassen wollten. Wenn Eltern ein Kind zu mir bringen, gebe ich ihnen daher immer den Rat: »Tun Sie alles, was Ihr Arzt Ihnen rät, aber verinnerlichen Sie nichts, was irgendjemand Ihnen über die Grenzen Ihrer Zukunftschancen sagt. Denn in diesem Zentrum wissen wir, dass Ihre Chancen der Freiheit, des Glücks und Friedens überhaupt keine Grenze haben.«

Wir können nur jetzt beginnen

Diejenigen von uns, die sich zusammengetan haben, um das Zentrum zu gründen, teilten die Überzeugung, dass wir wirkliche Befriedigung und Erfüllung nur im Dienst an anderen erfahren können. Der Wunsch, echte Hilfe zu leisten, braucht keine langfristige Planung oder den Traum der Expansion. Wir haben hart daran gearbeitet, uns von dieser Art der Zukunftsorientierung freizuhalten. Wir waren daran interessiert, unsere Wahrnehmungen zu erweitern, und nicht, kranke Körper in gesunde zu verwandeln. Wir richteten unser Hauptaugenmerk darauf, unseren Begriff von Leben und Tod ganz neu zu fassen und dadurch von unserem Angstdenken frei zu werden.

Ich habe bemerkt, dass viele Reibereien entstehen können, wenn Menschen zusammenkommen, die nur ein rein äußerliches Ziel verfolgen, auch wenn dieses Ziel sehr idealistisch ist. Sie werden sich gegenseitig angreifen, wenn sie wahrnehmen, dass ein anderes Mitglied der Gruppe die Aufgabe, auf die man sich geeinigt hat, blockiert. Das tun sie im Namen eines höheren Zieles. So werden sie zum Beispiel die Gefühle eines anderen Gruppenmitglieds nicht so wichtig nehmen wie die kranken Kinder, zu deren Hilfe sie alle da sind. Dabei wird jedoch verkannt, dass nur Menschen mit geheilten Beziehungen in der Lage sind, dauerhafte Hilfe zu geben. Wir möchten Frieden weitergeben, aber dazu müssen wir ihn erst selbst haben.

Im Jahre 1975 versammelte sich eine kleine Gruppe – Gloria Murray, Patsy Robinson, Pat Taylor und ich – und gründete das »Zentrum für Innere Heilung« (The Center For Attitudinal Healing)*. Von Anfang an nahmen wir kein Geld für die angebotenen Dienste. Wir begannen mit einigen kleinen Kindern, die katastrophische Krankheiten wie Krebs und Muskeldystrophie hatten oder die sich aufgrund eines traumatischen Unfalls in einer lebensbedrohenden Lage befanden. Wir entdeckten bald, dass die Geschwister und Eltern dieser Kinder das Bedürfnis nach gegenseitiger Unterstützung hatten, und so richteten wir auch für sie Gruppen ein. Später kamen noch Gruppen für Erwachsene und Jugendliche hinzu, und kürzlich haben wir mit einer Gruppe für Kinder begonnen, deren Eltern Krebs haben. Als Aids sich auf so viele Menschen im Gebiet der Bucht von San Francisco auszuwirken begann, nahmen wir Gruppen für alle von dieser Epidemie Betroffenen hinzu.

Nach dem konventionellen Modell versucht der Arzt, etwas mit dem Patienten zu machen. Unser Ziel im Zentrum dagegen ist es, ein Modell der Selbsterziehung zu sein. Wir bieten keine medizinische Behandlung an. Da wir nicht daran interessiert sind, den Körper, sondern die Psyche zu heilen, definieren wir *Heilung* als ein Loslassen von Angst und *Gesundheit* als inneren Frieden. Wir verbünden uns mit den Kindern in dem gemeinsamen Ziel, auch unsere eigene Psyche von der Angst vor uns selbst, der Angst vor Beziehungen und der Angst vor Krankheit und Tod zu befreien.

Es könnte gut sein, dass hinter jedem einzelnen unserer Schrecken die Angst vor dem Tod steht. Ich bin sicher, dass ich zum Teil aus dieser Angst heraus das Zentrum gründen wollte. Da Kinder immer meine besten Lehrer gewesen sind, muss ich gespürt haben, dass ich von ihnen auch lernen konnte, wie grundlos sogar diese äußerste Angst ist. Und das bringen

* »The Center For Attitudinal Healing«. Adresse: 33 Buchanan Drive, Sausalito, CA 94965, USA. Tel.: 0415/331 61 61; Fax: 0415/331 45 45; Internet: www.healingcenter.org

sie uns tatsächlich in einer wunderbaren Art bei. Wenn Erwachsene diese innerlich friedlichen und fröhlichen Kinder im Fernsehen oder vor einem Auditorium oder persönlich in unserem Zentrum sehen, dann schwindet auch ihre Angst vor dem Tod zumindest ein klein wenig. Der Grund liegt, wie ich meine, darin, dass sie den lebendigen Beweis vor Augen haben, dass wir glücklich sein und ein Leben führen können, das für andere ein Gewinn ist, und zwar gerade dann, wenn wir einige der von allen am meisten gefürchteten Krankheiten und Gebrechen haben. Diese Kinder haben mich gelehrt, dass unsere Fähigkeit, glücklich und nützlich zu sein, durch äußere, auch körperliche Umstände nicht wirklich beeinträchtigt werden kann, und dass der Tod keinen Schrecken hat, wenn wir uns entschließen, andere aus unserem inneren Schatz der Liebe und des Friedens zu beschenken.

Obwohl ich beauftragt war, einen Ort zu schaffen, wo die Grundsätze des *Kurses in Wundern®* demonstriert würden, erhielt ich zugleich die innere Anweisung, den Kurs an unserem Zentrum weder zu lehren noch zu benützen oder auch nur zu empfehlen. Bitte verwechseln Sie das »Zentrum für Innere Heilung« nicht mit *Ein Kurs in Wundern®*. Die meisten, die mit dem Zentrum verbunden sind, studieren den Kurs nicht, aber sie stimmen allgemein mit den Grundsätzen Innerer Heilung, auf denen der Kurs beruht, überein. Diese Grundsätze haben eine universelle spirituelle Basis, aber unser Zentrum ist keine religiöse Organisation, und das Milieu oder die Glaubensüberzeugung der Eltern oder der Kinder ist für uns ohne Belang. Jeder Mensch, der sich in einer physischen oder emotionalen Situation befindet, mit der sich eine unserer Gruppen oder Projekte befasst, ist uns von Herzen willkommen.

Wir haben die Grundsätze des Inneren Heilens erweitert, seit dieses Buch im Jahre 1983 unter dem Titel *Wenn deine Botschaft Liebe ist* erstmals veröffentlicht wurde. Inzwischen gibt es zwölf Grundsätze, die in den Zentren weltweit angewandt werden. Ursprünglich lautete mein innerer Auftrag, dass ich ausgewählte Lektionen aus dem *Kurs in Wundern* dem Unterricht, wie wir unsere Einstellungen verändern können, zugrunde legen sollte. Ich wählte Lektionen aus dem Arbeitsbuch des *Kurses*, in denen das Wort *Gott* nicht erwähnt wurde und die keine religiöse Terminologie enthielten. Ich wollte nicht, dass unsere Grundsätze diejenigen abschreckten, die nicht an Gott glaubten und nicht in etwas hineingeraten wollten, was nach Religion aussah.

Ich denke, dass unsere zwölf Grundsätze allgemein gültig sind und über kulturelle und religiöse Barrieren hinausgehen. Ich habe wiederholt gesehen, wie das Leben von Menschen transformiert wurde, wenn sie diese Grundsätze tief verinnerlicht hatten, wie ihre Selbsteinschätzung und ihre Art, mit anderen zu kommunizieren, sich wandelten. Vielleicht können wir am besten über die Grundsätze zu Ihnen sprechen, indem wir von dem Zentrum und den Kindern erzählen, die sie in die Praxis umgesetzt haben. Dies möchte ich im weiteren Verlauf dieses Buches tun und Beispiele anführen, von denen viele von Kindern mit einer katastrophischen Krankheit handeln. Wenn Kinder mit lebensbedrohenden Krankheiten inneren Frieden erlangen können, müssen dann wir, deren Probleme offenbar so viel weniger gravierend sind, uns mit einem geringeren Ziel zufrieden geben?

Hier folgen nun die zwölf Grundsätze der Inneren Heilung:

1.

Unser Wesen ist Liebe. Liebe kann nicht durch etwas behindert werden, das nur physisch ist. Daher glauben wir, dass dem Geist keine Grenzen gesetzt sind: Nichts ist unmöglich, und es gibt keine Krankheit, die nicht potentiell rückgängig gemacht werden kann. Weil die Liebe ewig ist, brauchen wir keine Angst vor dem Tod zu haben.

2.

Gesundheit ist innerer Frieden. Daher besteht Heilung darin, die Angst loszulassen. Wenn wir uns die Veränderung des Körpers zum Ziel setzen, verkennen wir, dass unser einziges Ziel der innere Friede ist.

3.

Geben ist Empfangen. Wenn wir unsere Aufmerksamkeit darauf richten, zu geben und uns mit anderen zu vereinen, fällt die Angst weg, und wir empfangen Heilung.

4.

Wir können die Vergangenheit und die Zukunft loslassen. Wir erfahren inneren Frieden, wenn wir aufhören, uns an die schmerzhafte Vergangenheit und die angstbesetzte Zukunft zu klammern, und lernen, in der Gegenwart zu leben.

5.

Es gibt keine andere Zeit als das Jetzt. Schmerz, Kummer, Depression, Schuldgefühle und andere Formen der Angst verschwinden, wenn das Denken in diesem Augenblick auf Liebe und Frieden ausgerichtet ist.

6.
Wir können lernen, uns und andere zu lieben, indem wir vergeben, statt zu urteilen. Vergebung ist der Weg zu wahrer Gesundheit und wahrem Glück. Wenn wir in jedem Menschen bewusst einen Lehrer der Vergebung sehen, hält jeder Augenblick Glück, Frieden und Liebe für uns bereit.

7.
Wir können Liebe suchen, statt zu nörgeln. Unabhängig vom Verhalten eines Menschen können wir bewusst nur das Licht der Liebe in ihm erblicken.

8.
Wir können innerlich im Frieden sein, egal, was äußerlich geschieht. Trotz Chaos in unserem Leben können wir bewusst im Frieden sein, denn wir wissen, dass wir mit der liebenden, friedvollen Quelle unseres Daseins verbunden und in ihrer Hut sind.

9.
Wir sind füreinander Schüler und Lehrer. Frieden kommt zu uns, wenn wir begreifen und zu erkennen geben, dass alle unsere Beziehungen sich gleichen.

10.
Wir können die Ganzheit unseres Lebens in den Blick fassen statt nur dessen Splitter. Es ist eine Illusion zu denken, dass unser

Leben von dem Leben anderer getrennt ist. Heilung richtet ihr Augenmerk auf unsere Verbundenheit miteinander und mit allen Lebewesen.

11.

Weil die Liebe ewig ist, brauchen wir nicht mit Angst auf den Tod zu blicken. Wir beginnen, unsere Angst vor dem Tod loszulassen, wenn wir wahrhaftig daran glauben, dass das, was wirklich ist, sich niemals verändert und dass die Liebe immer gegenwärtig ist.

12.

Wir können uns selbst und andere immer als Menschen sehen, die Liebe geben oder um Hilfe rufen. Statt Zorn und Angriff wahrzunehmen, ist es uns möglich, darin einen Hilferuf zu erkennen und mit Liebe zu antworten.

Kaycee Poirier aus Shawnigan Lake, British Columbia, schrieb mir, dass sie unsere Grundsätze für etwas zu kompliziert halte, als dass Kinder sie verstehen könnten. Dann schrieb sie die Grundsätze für uns um, und einige Monate vor ihrem Tod begann das Zentrum, mit ihren Adaptionen zu arbeiten, dem liebevollen Geschenk eines wunderbaren, elf Jahre alten Mädchens.

Grundsätze der Inneren Heilung in der Fassung für Kinder

1.
Die Liebe ist eines der wichtigsten Dinge im Leben!

2.
Es ist wichtig, dass es uns besser geht – daher dürfen wir auf Angst nicht hereinfallen!

3.
Geben und Nehmen sind dasselbe.

4.
Lebe nicht in der Vergangenheit, und lebe nicht in der Zukunft.

5.
Tu, was du tun kannst, jetzt. Jede Minute ist dazu da, um Liebe zu geben.

6.
Wir können lernen, uns selbst und andere zu lieben, wenn wir vergeben, statt nicht zu vergeben, zum Beispiel in einem Streit.

7.
Wir können Liebe suchen, statt zu nörgeln.

8.

Wenn außen etwas los ist, dreh nicht gleich durch, denn innerlich bist du geborgen.

9.

Wir sind füreinander Schüler und Lehrer.

10.

Schau nicht nur auf das Schlechte, schau auch auf das Gute!

11.

Da die Liebe ewig ist, brauchen wir vor dem Tod keine Angst zu haben.

12.

Wir können in den anderen immer Menschen sehen, die Liebe geben oder um Hilfe rufen.

7
Wir sind Liebe

Die Grundsätze Inneren Heilens bedingen sich gegenseitig und hängen zusammen, insbesondere der erste, der der Schlüssel zur Inneren Heilung ist und alle anderen verbindet und durch sie hindurchfließt. Wenn ich sie näher erläutere und Beispiele gebe, werden Sie sehen, dass sie sich überschneiden und dass jede Erläuterung und jedes Beispiel im Allgemeinen Aspekte anderer Grundsätze mit einbezieht.

Der erste Grundsatz des Inneren Heilens lautet:
Unser Wesen ist Liebe.

Liebe kann nicht von etwas behindert werden, das lediglich physisch ist. Daher glauben wir, dass dem Geist keinerlei Grenzen gesetzt sind. Nichts ist unmöglich, und es gibt keine Krankheit, die nicht potentiell rückgängig gemacht werden kann. Weil die Liebe ewig ist, brauchen wir keine Angst vor dem Tod zu haben.

Dieser Grundsatz beruht darauf, dass unsere wahre Identität eine geistige statt eine körperliche ist. Liebe ist der Teil von uns, der wirklich ist. Weil die Liebe selbst unser Potential ist, sind wir nicht auf den Körper beschränkt und den Verfassungen oder »Gesetzen« des Körpers nicht unterworfen. Kommunikation mit anderen vollzieht sich von Liebe zu Liebe und nicht von unseren vergangenen Erfahrungen zu den ihren. Keine zwei Erfahrungen der Vergangenheit sind identisch, und eine Kommunikation, die auf Urteilen beruht, trägt den Konflikt schon in sich. Wenn Kommunikation aber auf Liebe beruht, dann ist sie tief befriedigend und heilend. Sogar unsere Angst, dass der Tod sie unterbrechen könnte, beginnt zu schwinden.

Was ist also Liebe? Weil man sie erleben muss, damit sie Sinn bekommt, kann ich sie nicht für Sie definieren und kann nur sagen, dass sie die vollkommene Abwesenheit von Angst und die Erkenntnis unserer vollkommenen Einheit mit allem Leben ist. Wir lieben den anderen, wenn wir sehen, dass unsere Interessen nicht getrennt sind von den seinen, und so vereinen wir uns mit ihm in dem, was er wirklich will. Dies ist eine Vereinigung auf höherer seelischer Ebene, nicht ein Bündnis von Egos.

Liebe lässt sich nicht auf gewöhnliche Art und Weise beurteilen oder beweisen. Die Tatsache, dass wir sie nicht messen können, macht sie jedoch nicht weniger real. Wir alle haben einen Hauch von der reinen, bedingungslosen Liebe erfahren, und zweifellos wissen wir mit einem Teil von uns, dass es sie gibt. Wir fangen an, uns der Liebe bewusst zu werden, wenn wir uns entscheiden, andere anzunehmen, ohne sie zu beurteilen, und uns mit Güte bemühen, zu geben – ohne einen Gedanken, etwas dafür zu bekommen.

Dies bedeutet zum Beispiel, dass wahre Liebe nicht ein Geben ist, um die Haltung eines anderen zu ändern, um schlechte Stimmung in Frohsinn oder Undankbarkeit in eine dankbare Haltung uns gegenüber zu verwandeln. Wahre Liebe ist eine vollkommen reine und unbeschwerte Form des

Gebens. Sie wendet sich frei an die Liebe des anderen und ist ihr eigener Lohn.

Das Wort Liebe, wie wir es gewöhnlich gebrauchen, ist etwas ganz anderes als die wirkliche Liebe. Es ist ein Geben, um zu empfangen. Es ist ein Geschäft, ein Handelsabkommen. Das lässt sich deutlich in romantischen Beziehungen erkennen, in denen jeder Partner in der Erwartung gibt, dass er Liebe in der spezifischen Form, die er sich wünscht, zurückbekommt. Bedingte Liebe ist auch das, was in den meisten Eltern-Kind-Beziehungen als Güte passiert. Hier hängt die Zuwendung von Liebe von Wohlverhalten und erwünschten Einstellungen ab. Eltern suchen oft eine Bestätigung ihres eigenen Wertes durch die Leistungen des Kindes und durch Respektsbeweise. Ein Kind liebt seine Eltern oft nur dann, wenn es das bekommt, was es sich vermeintlich wünscht, sei es ein neuer Besitz oder Anerkennung und Lob. Eine solche Liebe ist nicht verlässlich oder dauerhaft. Ihre vorübergehende Natur erzeugt eine unterschwellige Angst in uns, dass wir im nächsten Augenblick verlassen werden.

Wenn wir wirkliche Liebe geben, kümmern wir uns nicht um unser Verhalten oder das eines anderen. Wir fühlen uns natürlich, weil wir erkennen, dass die Liebe unser natürlicher Zustand ist. Wir sind uns keiner Grenzen bewusst. Wir stellen das Potential von etwas, das gut ist, nicht in Frage, und wir denken nicht an Zeit. Wir sind uns des Jetzt bewusst und all dessen, was es enthält. Wenn wir Liebe geben, sind wir frei und im Frieden. Das Heilen von Einstellungen zeigt uns, wie wir diese Erfahrung von Liebe zulassen können, die einzige Liebe, die ewig währt.

Liebe ist unser Wesen

Wir alle sagen, dass wir weniger Konflikte, Ängste, Stress und Depressionen wollen. Tief in unserem Herzen wünschen wir uns das wirklich. Aber auf der funktionellen Ebene entscheiden wir uns selten für den Frieden anstelle von Konflikt, und für Freude anstelle von Angst, weil wir meinen, dass eine solche Wahl Opfer erfordert. Wir meinen außerdem, dass wir aus Rache Befriedigung schöpfen können; dass wir Recht haben können, wenn wir beweisen, dass ein anderer Unrecht hat; dass wir »ein bisschen Frieden und Ruhe« gewinnen können, wenn wir einen Menschen demütigen, der uns Schwierigkeiten bereitet. Es scheint uns folgerichtig, unsere Kinder mit Strenge zu behandeln, um sie zur Güte zu erziehen. Wir meinen, dass es Leute gibt, denen es aufgrund ihres Verhaltens recht geschieht, dass sie verlieren, und dass der Schmerz, der ihnen zuteil wird, Gerechtigkeit ist. Wir versuchen, unsere Liebe zu einer Person zu steigern, indem wir andere ausschließen. Wir halten Schuldgefühle für etwas Attraktives. Wir glauben, dass Schmerz etwas Angenehmes sein kann, dass Nehmen ein Gewinn ist. Und dann wundern wir uns, wenn diese Lebensanschauung uns keinen Frieden bringt, und sehen dennoch keinen Anlass, unsere Grundüberzeugungen zu ändern. Es ist klar, dass wir eine Erfahrung brauchen, die uns Klarheit verschafft. Diese Erfahrung, von der wir alle mehr brauchen, ist die Liebe. Um tiefer in die Atmosphäre der Liebe einzusteigen, müssen wir anfangen, uns weniger mit dem Körper als mit unseren auf Liebe bezogenen Gefühlen zu identifizieren, weil diese Gefühle das aussprechen, was immer in uns war, was unser schäbiges Image von uns selbst aber nicht erkennen ließ. Um es zu sehen, müssen wir es herausbringen, denn nur wenn wir Gutes erweisen, wissen wir, dass dieses Gute in uns ist und dass wir selbst gut sind. Es herauszubringen heißt jedoch nicht immer, es auszuagieren, sondern es in unserem Herzen und Gemüt zu verwirklichen.

Wenn wir zu sehr an den Körper und sein Verhalten denken, kann die Liebe unser Gemüt nicht durchfluten, weil der Körper nur das andere ist. Um zu lieben, müssen wir erkennen, was in uns und allen Lebewesen dasselbe ist. Die Liebe in uns kann sich mit der Liebe in anderen vereinen, aber zwei Körper können nicht eins werden.

Gefühle, die sich unter Ausschluss anderer auf den Körper richten, sind negativ oder verleugnen sich selbst. Als ersten Schritt müssen wir uns daher aufrichtig und gütig fragen, wie sehr wir darauf bedacht waren, wie unser Körper aussieht, wie wir ihn geschmückt, geehrt und benützt haben, und ob ihm das ihm zustehende Maß an Anerkennung, Dank, Einfluss, Geld oder Ansehen zuteil geworden ist. Denn in dem Maße, wie wir die Identifikation mit dem Körper hoch einschätzen, neigen wir dazu, unser wahres Wesen – Liebe – herabzusetzen oder ganz zu ignorieren.

Dieses sanfte Befragen erfordert keine großen Veränderungen des Verhaltens oder unseres Lebensstils. Es braucht nichts weiter, als dass wir schlicht und ruhig feststellen, was vorliegt, vor allem innerlich. Sobald wir den wahren Wert erkannt haben, werden die äußeren Veränderungen, sofern sie nötig sind, sich von selbst und zur rechen Zeit einstellen. Wenn wir uns zu sehr mit dem beschäftigen, was wir tun, statt *wie* wir es tun, halten wir uns unnötig auf. Inneres Heilen kümmert sich nur um das Jetzt. Handeln wir mit Liebe, mit Frieden, mit Glück und mit Sicherheit? Wenn es so ist, fördern wir diese Gemütszustände. Eine zu starke Beschäftigung mit dem Körper und dem körperlichen Verhalten anderer führt uns zu dem Glauben, dass unser Körper bestimmt, was für eine Person wir sind und mit was für einer Art von Beziehungen wir uns begnügen müssen. Wir empfinden momentan Genugtuung, dass andere weniger attraktiv scheinen als wir, und manche mögen sich wegen unserer Persönlichkeit und besonderen Fähigkeiten zu uns hingezogen fühlen, aber im Herzen wissen wir stets, dass Beziehungen auf der Grundlage solcher Gefühle seicht und flüchtig sind. In Wirklichkeit wollen wir nicht, dass andere Menschen von unserem Körper angezogen sind, sondern von dem, was unveränderlich und zeitlos an uns ist. Wir wollen, dass andere uns verstehen und uns lieben, weil sie unser wahres Wesen erkennen. Das können sie aber nicht, solange sie sich auf uns nur als Körper beziehen. Wir möchten – und das wünschen wir uns auch von anderen – uns des goldenen Strahlens von innen, nicht der glitzernden Oberfläche der Erscheinungen bewusst sein. Das gelingt uns je nachdem, womit wir uns identifizieren. Wie wir uns geistig und gefühlsmäßig äußern, ist das, worauf andere sich beziehen. Entweder wir strahlen Freude, Güte, Offenheit und Frieden aus, oder wir verschanzen uns hinter einer rein physischen Identität. Beides zugleich können wir nicht tun, denn das eine ist Liebe und das andere ist Angst.

Nichts Wirkliches ist unmöglich

Dieses Konzept erwies sich als lebensverändernd für Colleen Mulvihill, eine Frau von dreiundzwanzig Jahren, die an einem Magisterdiplom in Bewegungstherapie an einem College in Nordkalifornien arbeitete. Colleen war hübsch genug, um als Fotomodell zu arbeiten, und manchmal tat sie es auch. Als ich sie kennen lernte, hatte sie außerdem ganzjährige Teilzeitjobs, einen als sportmedizinische Koordinatorin in der Sportabteilung ihres College und einen anderen als Lehrkraft im Bewegungslabor, in dem Kindern mit neurologischen Schädigungen und Lernbehinderungen geholfen wird, motorische Fähigkeiten zu entwickeln. Während der Sommermonate hatte sie einen weiteren Job als Lehrerin für Schwimmen und Basteln in einer in der Nähe gelegenen Kindertagesstätte. Colleen wohnte in einem kleinen Appartement 500 Meilen von ihrer Familie entfernt, und ihr bester Freund war ein deutscher Schäferhund namens Sascha, ein Blindenhund.

Als sie das erste Mal zu mir kam, war Colleen nach den gesetzlichen Bestimmungen blind. (Die Bezeichnung »blind« gilt für diejenigen, deren Sehvermögen so eingeschränkt ist, dass sie nicht funktionstüchtig sind, obwohl sie einen kleinen Rest von Nahsicht haben können.) Von Geburt an litt sie an rentrolentaler Fibroplasie, das heißt an fortschreitender Ablagerung von Narbengewebe hinter der Netzhaut, die zu Blindheit oder mindestens zu schwer beeinträchtigter Sicht führen kann.

Als sie geboren wurde, war es noch üblich, Frühgeburten in Brutkästen mit hohem Sauerstoffdruck zu legen. Später erfuhr sie, dass dieses Verfahren die Ursache ihrer Blindheit war. Vielleicht können Sie sich vorstellen, welche Wut und welches Ressentiment ein Mensch mit einem solchen Leiden gegen die Welt empfindet. Colleen hegte auch derartige Gefühle, und außerdem hatte sie starke Schmerzen, wie es bei dieser Krankheit oft vorkommt.

Sie kam in der Gegend von Los Angeles zur Welt und wurde dort von Eltern aufgezogen, die Wert darauf legten, dass sie die normale öffentliche Schule besuchte statt eine Sonderschule für Behinderte. Ihr Grund dafür war, dass sie dadurch besser auf die wirkliche Welt vorbereitet würde. (Colleen tat diese Entscheidung offenbar gut, obwohl man natürlich nicht von einem richtigen oder falschen Vorgehen sprechen kann, das bei behinderten Kindern in allen Fällen angewendet werden kann. Mit der verständnisvollen Hilfe von Lehrern, die sie immer in die erste Reihe setzten und ihr zusätzliche audiovisuelle Hilfen gaben, absolvierte sie sowohl die Volksschule als auch die Oberschule und entschied sich dann für ein kleines College außerhalb ihres Heimatortes.

Dieses intelligente und äußerst lebhafte Mädchen wurde immer schwerer mit ihrer Situation fertig, je mehr es mit ihrer beschränkten Sehkraft bergab ging. Dann trat Sascha, ein zweijähriger Blindenhund, in Colleens Leben. Sie und Sascha trainierten zusammen in Nordhollywood und sind seitdem unzertrennliche Gefährten. Sascha begleitete sie ins College und sogar zum State Capitol in Sacramento, wo Colleen sich für die Lobby der Nationalen Blindenföderation aktiv einsetzte.

Vor einigen Jahren hörte Colleen viele Leute davon reden, wie die konventionelle Medizin ergänzt werden kann, und erfuhr von Beweisen, dass der Geist den Körper beeinflusst. Kurz danach suchte sie mich auf, und ich machte sie mit dem *Kurs in Wundern®* bekannt.

Später verwies ich sie an die Heilgruppe für Erwachsene in unserem Zentrum. Ich sagte ihr nachdrücklich, dass der Geist keine Grenzen kennt und dass nichts unmöglich ist. Sie sollte nur alle negativen Werte loslassen, die sie je hatte, um sich nicht durch ihre vergangenen Überzeugungen einzuschränken und sich auf eine Wirklichkeit festzulegen, die sie lediglich mit ihren physischen Sinnen wahrnahm.

Wir unterhielten uns über ein sehr wichtiges Konzept aus dem *Kurs:*

*Es gibt keine Rangordnung der Schwierigkeit bei Wundern.**

Wunder können als Wahrnehmungsveränderungen definiert werden, welche die Blockierungen unseres Bewusstseins von der Gegenwärtigkeit der Liebe beseitigen. Daher können sie als ein natürliches Geschehen betrachtet werden. Obwohl Wunder keine physischen Phänomene sind, werden sie manchmal von Veränderungen auf der physischen Ebene begleitet. Ich teilte Colleen meine Überzeugung mit, dass jeder lernen kann, seine Wahrnehmung zu verändern und die Gegenwart der Liebe zu erkennen, und dass dies das wahre Sehen ist.

Eines Tages stellte Colleen eine Frage, die ihr sehr am Herzen lag: »Ist es möglich, dass ich mein Sehvermögen wiedererlange?« Ich antwortete ihr: »Alles ist möglich. Niemand zwingt dich, eine negative Statistik in einer Wahrscheinlichkeitskurve von Leuten mit rentrolentaler Fibroplasie zu sein.« Sie begriff allmählich, dass die Gedanken, die wir hegen, unsere Wahrnehmungen bestimmen. Sie begann, »positive Vorstellungsbilder« zu üben und die Grundsätze des *Kurses* anzuwenden. Sie hatte nur das eine Ziel, inneren Frieden, den Frieden mit Gott zu praktizieren und keine andere Funktion als Vergebung zu üben. Sie hörte auf die innere Stimme und ließ sich von ihr leiten und erlebte auf diesem Wege Vollendung und Einheit. Sie verzieh Gott und dem Universum allmählich ihre Blindheit. Ihre Bitterkeit schwand, und an deren Stelle trat immer mehr ein Gefühl des Friedens. Als dies geschah, nahmen die Schmerzen in ihrem Kopf und Nacken ab.

Mit der Zeit fand eine subtile, aber ganz reale Veränderung des Bildes statt, das Colleen von sich selbst hatte. Sie sagte mir später: »Es war, als ob meine Einstellung zu mir selbst sich zu verändern begann. Während ich mich früher immer als eine Blinde behandelt hatte, fing ich jetzt an, mich als normal anzusehen.« Trotz alledem war Colleen gänzlich unvorbereitet für die partielle Genesung, die im März 1978 eintrat. Ihr Sehvermögen bei Tag besserte sich so sehr, dass sie beim Gehen genug sehen konnte, und ihr Augenarzt teilte ihr mit, dass sie im Sinne des Gesetzes jetzt bei Tag sehend war, obwohl sie legal nachtblind blieb. Als ich mit ihm telefonierte, stellte er fest, dass er eine derartige Besserung des Sehvermögens bei einer Person in Colleens Zustand noch nie erlebt hätte.

Ihr zunehmendes Sehvermögen brachte ein neues Problem bezüglich Sascha mit sich. »Es ist ein Trauma für einen Blindenhund«, erklärte mir Colleen, »wenn er merkt, dass er nicht mehr gebraucht wird.« Aber auch dieses Problem fand mit der Zeit eine Lösung, als sie und Sascha zusammen arbeiteten und ein neues Verständnis für ihre gegenseitigen Bedürfnisse gewannen.

Colleen studierte weiter und bereitete sich auf ihren Dienst an anderen kranken Menschen vor. Sie interessiert sich vor allem für die ganzheitliche Auffassung von Gesundheit, die dem ganzen Menschen zu helfen sucht, statt nur kranke Organe zu behandeln. Sie hat vielen Menschen in unserem Zentrum und in anderen Städten geholfen und war in unserem Telefonnetz aktiv, durch das sie blinde Menschen in den gesamten Vereinigten Staaten telefonisch betreute.

Vor kurzem rief Colleen mich an. »Jerry«, sagte sie, »ich möchte dich in meinem Auto ausführen.« »Wie meinst du das?«, fragte ich sie. »Ich habe jetzt einen Führerschein für zwei verschiedene Staaten und gelte als legal sehend bei Tag und Nacht.« Meine Spazierfahrt mit Colleen Mulvihill war die glücklichste Autofahrt, die ich je erlebt habe, obwohl ich weinte.

Oft vergesse ich einige der Grundsätze, die ich in diesem Buch erwähnt habe, und dann fühle ich mich deprimiert. Wenn ich Colleen sehe und ihre bedingungslose Liebe erlebe, bin ich mir bewusst, dass auch sie das Licht in mir sieht, und das hilft mir, die dunklen Gefühle loszulassen, indem sie mich an mein wahres Wesen erinnert. Colleen verleiht dem Ausspruch Jesu Leben, dass er in die Welt gekommen sei, um die sehend zu machen, die geistig blind sind, und denen, die sich für sehend halten, zu zeigen, dass sie blind sind.

Das Urteil ist blind. Nur die Liebe vermag zu sehen.

Liebe ist ewig

Es ist klar, dass wir nicht im Frieden sein werden, solange wir uns für verletzbar halten durch Krankheit und Unfälle, Altern, Verfall und Sterben. Wenn wir unsere Wahrnehmung von uns selbst nicht ändern, wird in Erwartung der näher rückenden Auslöschung hinter allem, was wir denken und tun, die Angst stehen. Irgendwie müssen wir anfangen zu begreifen, dass wir jetzt und in Ewigkeit als Liebe leben. Ich glaube, dass wir nur auf dieser Welt sind, um die Liebe zu lehren und zu lernen. Die Größe unserer Aufgabe ist unterschiedlich, aber was jeder von uns gibt und empfangt, ist dasselbe: Liebe.

Meine Arbeit mit Kindern, denen der Tod bevorstand, und mit deren Familien half mir, meine eigene Angst vor dem Tod zu überwinden und den Glauben an die Endgültigkeit des Todes in Frage zu stellen. Sie wundern sich vielleicht, wie die Mitarbeiter unseres Zentrums einen innigen Umgang mit diesen jungen Menschen haben und manche von ihnen sterben sehen können und dass wir dabei trotzdem gefühlsmäßig nicht kaputt gehen. Ich spreche für mich selbst, wenn ich sage, dass ich nicht weitermachen könnte, wenn ich noch an dem Glauben festhielte, dass das Leben mit dem Tod aufhört. Wenn ich das wirklich glaubte, wäre ich von dem Tod dieser Kinder so zerrissen, dass ich nicht weiterarbeiten könnte.

In unserem Zentrum betrachten die meisten den Tod als einen Übergang. Wir empfinden es als einen Segen, dass wir diesen Kindern und ihren Familien begegnen durften. Sie lehren uns, dass es einen Unterschied gibt zwischen Leben und Körper, dass der Körper zeitlich begrenzt, das Leben jedoch als etwas Geistiges unendlich ist. Sie vermitteln uns die Botschaft des Lebens, des ewigen Lebens, und dass Leben gleichbedeutend ist mit Lieben.

Das erste Kind unseres Zentrums, das starb, war Greg Harrison. Er war elf Jahre alt. Als es keine neuen Medikamente mehr gab, die man ihm hätte verabreichen können, und als es aussah, als hätte er nicht mehr viel Zeit übrig, wurde Greg von den anderen Kindern seiner Gruppe gefragt: »Was glaubst du, wie das Sterben sein wird?« Ich werde seine Antwort nie vergessen. Er sagte: »Ich glaube, wenn man stirbt, legt man einfach seinen Körper ab, der ohnehin nie wirklich war. Dann bist du im Himmel und vereint mit allen Seelen. Und manchmal kehrst du auf die Erde zurück und bist für irgendjemanden ein Schutzengel. Das möchte ich gerne sein.« Gregs Einstellung zum Tod zeigt, dass jede Begebenheit auf der Welt mit Liebe angesehen werden kann. Für uns selbst und andere ist es natürlich eine große Erleichterung, wenn wir das tun.

Ein anderes Mitglied unserer Familie im Zentrum, Will Stein, ein vierzehnjähriger Junge mit einem Ewing-Sarkom, nahm zwei Wochen, bevor er starb, ein Gespräch mit mir auf Tonband auf. Er glaubte daran, dass wir alle bestimmte Aufgaben übernehmen, bevor wir in diese Welt hineingeboren werden. Manche sind für eine lange Zeit, andere kürzer, aber die Länge der Zeit spielt keine Rolle. Will hielt seine Aufgabe für eine kurze, aber solange er noch atmete, hatte er sie noch zu erfüllen.

Solange unser Körper am Leben ist, haben wir die Aufgabe, ihn als ein Mittel einzusetzen, Liebe zu geben in einer Form, die andere erkennen und empfangen können. Weil ihr Geist im Grunde noch sanft ist, demonstrieren viele Kinder, wie Liebe ausgestrahlt werden kann, obwohl sie physisch nicht in der Lage sind, eine gute Tat zu vollbringen. Was wir mit unserem Herzen tun, berührt andere am tiefsten. Nicht die Bewegungen unseres Körpers oder die Worte in unserem Inneren vermitteln Liebe, sondern wir lieben von Herz zu Herz.

Es gibt natürlich keine Regel dafür, wie man an einen geliebten Menschen denken soll. Den Schein von Frieden und Freude sollte man nie forcieren. Während der Krankheit eines

Kindes gelangen manche Eltern zu der Erkenntnis, dass ihr Kind mehr ist als ein Körper, und dann wissen sie, dass ihre Beziehung zu ihm nicht mit dem Tode enden wird. Ich bin überzeugt, dass dies keine Täuschung, sondern eine Erkenntnis der Wirklichkeit ist. Wenn der Tod eintritt, sind die Gefühle dieser Eltern, nachdem ihr Kind sie verlassen hat, nicht nur erträglich, sondern voll Frieden, denn sie empfinden weiterhin, dass sie mit ihrem Kind durch Liebe vereint sind.

Die Haltung von Bryan Bradshaws Familie nach seinem Tod macht diese Betonung der spirituellen statt der körperlichen Wirklichkeit anschaulich. Bryan war ein achtjähriger Junge mit Knochenkrebs, dem man ein Bein amputiert hatte. Seine Tapferkeit war bemerkenswert, und er und seine Familie waren für uns alle großartige Lehrer.

Ungefähr eine Woche, bevor Bryan starb, besuchte ich die Familie in San José und widmete mich ein wenig seiner sechsjährigen Schwester Lorrie Ann. Ich bat sie, ein Bild zu malen von dem, was sie gerade beschäftigte. Es zeigte Bryan mit Flügeln an der Seite, wie er in den Himmel flog. Sie sagte: »Wenn du im Himmel bist, gibt es keine Krankheit und keinen Schmerz. Du bist nur glücklich und voll Liebe, weil du die ganze Zeit mit Gott redest.«

Einer unserer Mitarbeiter und ich fuhren nach San José, um an dem Tag, als Bryan starb, bei seiner Familie zu sein. Wir waren beeindruckt von dem Frieden, den sie empfanden. Wir sahen, dass vielen Freunden, die gekommen waren und die in Tränen ausbrachen, durch ihren beruhigenden Einfluss geholfen wurde. Einige Kinder hatten Schuldgefühle, weil sie Bryan nicht so oft besucht hatten, wie sie es nach ihrer Meinung hätten tun sollen. Sie gingen mit Bryans Eltern und uns in den Familienraum, damit sie sich aussprechen konnten. Nach einer Weile ließen ihre Schuldgefühle nach, und sie fingen an, lustige Geschichten zu erzählen, die sie mit Bryan erlebt hatten. Wenn wir uns nicht mehr an Schuld klammern, bleibt nur Liebe zurück.

Da Bryans Familie keine religiöse Präferenz hatte, wurden Tom Pinkson vom Zentrum und ich gebeten, eine Gedenkfeier zu halten, aus der die Familie glücklicher herausgehen konnte, als sie gekommen war. Ich begann meine Rede, indem ich von Lorrie Anns Bild und ihrem Kommentar dazu erzählte. Tom sprach darüber, in wie vieler Hinsicht Bryan und seine Familie anderen geholfen hatten. Und wir beide sprachen über die Gefühle, die wir in Bryans Gegenwart erlebt hatten, und über die Schönheit und Liebe, die wir an diesem Tag empfanden. Dann sang die ganze Gruppe zusammen einige von Bryans Lieblingsliedern. Rabbi Nathan Segal, der sich bei einem Picknick des Zentrums mit Bryan angefreundet hatte, führte uns an.

Nach der Feier erhielt jeder einen Luftballon. Bryan hatte Luftballone geliebt. In einem einzigen Augenblick ließen wir hundert Ballone steigen mit unseren individuellen Botschaften der Liebe an Bryan und das Universum. Es sah aus, als vereinten die Luftballone sich zu einem Regenbogen und entschwebten in den Himmel. Etliche Eltern kamen zu mir und sagten, wie sehr sie sich davor gefürchtet hatten, ihre Kinder zu der Gedenkfeier mitzubringen, und wie überrascht und erleichtert sie waren, dass sie bei einem solchen Anlass weniger Trauer als Glück erleben durften.

Wir brauchen nichts zu fürchten

Dies sind natürlich nicht die einzigen Kinder aus unserem Zentrum, die gestorben sind. Ich habe diese wenigen erwähnt, weil jedes von ihnen mir persönlich eine Lehre erteilt hat, die sich stark auf die Worte »Wir brauchen den Tod nicht zu fürchten« bezieht. Eine angstvolle Wahrnehmung bringt niemandem einen Nutzen. Meine Arbeit am Zentrum hat mir gezeigt, welch echte Hilfe es für uns ist, alle Dinge in Frieden anzusehen. Nur eine sanfte Sehweise lässt uns erkennen, was wir sind, und alles, was wir sind, ist reine Liebe.

Vor nicht langer Zeit hatten wir im Zentrum ein ganztägiges Treffen von etwa fünfundzwanzig Familien, die alle ein Kind verloren hatten. Viele dieser Kinder hatten unsere Gruppen nicht besucht, aber die Kommentare und Geschichten, die ihre Eltern erzählten, erinnerten mich an den inneren Kern, der alle Menschen auf Erden miteinander verbindet. Wir alle sind Mitglieder einer einzigen Familie, und jeder Mensch ist unser Bruder oder unsere Schwester, auch wenn wir das oft vergessen.

Eine Reihe von Eltern sagte bei diesem Treffen, dass ihr Kind auch dann noch, als es im Sterben lag, ihr Lehrmeister gewesen war, und dass die traditionellen Rollen von Eltern und Kind sich in mancher Hinsicht verkehrt hatten. Sämtliche Eltern äußerten, dass der liebevolle Geist ihres Kindes weiterhin eine starke und tröstliche Präsenz in ihrem Herzen war. Sie empfanden in mancher Weise, dass ihre wahre Beziehung fortbestand, und dies war für alle eine sehr heilsame Erfahrung.

Viele Dinge verstehen wir einfach deshalb nicht, weil wir

dazu noch nicht in der Lage sind. Daher ist Geduld mit den Erfahrungen und dem Standpunkt anderer Menschen nicht nur ein Trost für sie, sondern auch eine Erleichterung für uns. Liebe blickt über Unterschiede hinweg, denn sie bemerkt etwas viel Wichtigeres: wie ähnlich wir uns alle sind, weil wir alle der Liebe selbst gleichen. Wenn wir das einmal erkannt haben, verlieren wir schnell unsere Furcht vor den anderen und gewinnen Vertrauen, dass sowohl wir als auch die anderen potentiell arglos sind. Je mehr wir die anderen in diese Arglosigkeit einhüllen, indem wir alles Defensive und Argwöhnische in unserem Denken loslassen, desto mehr ahnen wir die ungeheure Arglosigkeit des Universums, die es gänzlich unmöglich macht, dass irgendein Lebewesen im wahren Sinne des Wortes lange leidet. Es gibt ein Ende der Schmerzen. Es gibt einen Punkt, den die Not nicht überschreiten kann. Wir sind nie ohne Tröstung.

8

Unser Ziel ist Frieden

Um Frieden zu erlangen, müssen wir erkennen, dass wir ihn in unserem Inneren bereits besitzen. Wir finden ihn in unserem Gemüt. Der Körper kann uns nicht vorschreiben, wie wir fühlen oder denken sollen, denn die Quelle unseres Erlebens sind der Geist und die Art und Weise, wie wir ihn einsetzen. Wir sind nicht das Opfer unseres Körpers. Der Geist kann in Wirklichkeit nicht bedroht werden, und daher gibt es immer einen Weg zur Freiheit.

Deshalb lautet der zweite Grundsatz Inneren Heilens:
Gesundheit ist innerer Frieden.

Heilung besteht darin, die Angst loszulassen. Wenn wir uns die Veränderung des Körpers zum Ziel setzen, verkennen wir, dass unser einziges Ziel der innere Friede ist.

Was ist unsere wahre Identität?

Um inneren Frieden, Zufriedenheit und immer mehr Freiheit und Loslassen zu erfahren, müssen wir unsere alte Auffassung von Identität überprüfen. Sind wir wirklich nur ein Körper, der einige Augenblicke lebt und dann stirbt? Setzt der Körper die Grenzen für unsere Stärke, diktiert er uns, wie wir uns zu fühlen haben, und definiert er den winzigen Spielraum, in dem wir zu handeln vermögen? Oder gibt es in uns ein Potential, das keine Grenzen irgendwelcher Art kennt und das eine endlose Fähigkeit besitzt, uns glücklich und frei zu machen?

Es gibt keinen Punkt, den die kombinierte Kraft des Geistes und des Willens nicht überschreiten könnte, denn wenn sich beide vereinen, wird das Denken von Liebe durchströmt. Heute geben schon viele Systeme mehr und mehr der Erkenntnis Raum, dass der Körper dem Geist keine Grenzen setzt und dass es eine Wirklichkeit jenseits dessen gibt, was Augen sehen und Ohren hören können – eine Wirklichkeit, die darauf wartet, dass wir sie anerkennen; dass eine einzige Quelle den Geist aller Menschen verbindet und dass sie auf einer Ebene existiert, die wir hier und jetzt erfahren können.

In diesen Lehren bahnt sich offenbar eine philosophisch-spirituelle Synthese von Ost und West an. Die meisten dieser Systeme lehren, dass unsere Erfahrungen von unserem Denken bestimmt werden, und zeigen Wege, wie wir unsere Wahrnehmung von uns selbst und der Welt verändern können. Innere Heilung hat ein ähnliches Ziel, denn sobald ein Individuum beginnt, die Schranken zu beseitigen, die seiner Wahrnehmung der in ihm gegenwärtigen Liebe entgegenstehen, hat es angefangen, sich auf allen Ebenen und in jeder Weise zu heilen.

Es gibt zahllose Beispiele von Menschen, die nach einer schweren Krankheit oder nach Unfällen die Ärzte mit ihrem Lebenswillen in Erstaunen versetzen und eine bemerkenswerte Rehabilitation erleben. Andere führen trotz schwerer Behinderungen ein glückliches, von Liebe erfülltes Leben. Das bedeutet nicht, dass wir unser Ziel in körperlicher Heilung sehen oder dass wir Unrecht haben, wenn wir den Körper nicht heilen. Unser Ziel ist Frieden jetzt – in diesem Augenblick. Es ist wesentlich für unser Glück, dass die Jahre unseres Lebens, seien sie lang oder kurz bemessen, frei von Angst und Zorn sind und dass wir unseren Körper als ein Mittel einsetzen, anderen Freundlichkeit zu erweisen.

Wenn wir Frieden erfahren wollen, muss jeder Einzelne von uns erkennen, dass wir die Wahl haben, uns in unserer Identität als klein und eng begrenzt oder als grenzenlos wie die Liebe zu betrachten. Wir brauchen unserer Gesundheit oder unserem Glück nicht deshalb Schranken zu setzen, weil unser Arzt, unsere Eltern oder Freunde, die Medien oder die Gesellschaft uns eingeredet haben, dass es immer Dinge geben wird, die wir nicht ändern können. Der innere Arzt gibt uns nicht den Rat, uns mit Schmerz und Tod abzufinden oder einen Kompromiss mit dem Elend zu schließen, denn es ist jedem Menschen möglich, still auf den inneren Führer zu hören, der ihn nur den Weg zur vollkommenen Freiheit lehrt. Die Liebe kennt keinen Ort, wohin sie nicht gehen, und keinen Menschen, dem sie nicht Frieden bringen könnte.

Innerhalb des Guten gibt es keine Grenze

Wir verbringen im Zentrum viel Zeit damit, uns gegenseitig daran zu erinnern, dass nichts unmöglich ist. Tinman Walker war und ist immer noch ein sehr effektiver Lehrer dieses Konzepts. Im Alter von vierzehn Jahren stieß er mit einem Lastwagen zusammen, als er mit dem Fahrrad einen Hügel hinunterfuhr. Wegen der Schwere seiner Verletzungen bestand geringe Hoffnung, dass er durchkommen würde. Nach der Entfernung eines subduralen Hämatoms (Blutgeschwulst unter der Schädeldecke) lag er im Koma. Das Ärzteteam hatte wenig Hoffnung, dass er das Bewusstsein wiedererlangen würde, und war der Ansicht, dass er in diesem Fall nur dahinvegetieren könnte. Als er, immer noch komatös, nach Hause entlassen wurde, gab man der Familie den Rat, ihn in einer Anstalt unterzubringen. Weil seine Angehörigen jedoch an die heilende Kraft der Liebe glaubten, hatten sie andere Vorstellungen, was seine Pflege betraf.

Einundachtzig Tage nach seinem Unfall erwachte Tinman aus dem Koma. Seine rechte Körperhälfte war spastisch gelähmt und seine Artikulation mühsam und schwer verständlich. Er erhielt die beste physikalische und Beschäftigungstherapie, die seine Eltern finden konnten. Mit der Zeit war er in der Lage, in die Schule zurückzukehren.

Vor seinem Unfall war Tinman ein hervorragender Sportler gewesen, aber jetzt konnte er kaum gehen. Wegen seiner körperlichen Behinderungen betrachtete er sich als einen Außenseiter und verbrachte deshalb viel Zeit zu Hause, ohne Freunde und allein. Nach dreieinhalb Jahren sagte ein Sprachtherapeut, der ein Gutachten über ihn abgab, dass keine weiteren Fortschritte mehr zu erwarten seien. Da verloren er und seine Eltern den Mut und beschlossen, sich um Hilfe an das Zentrum zu wenden. Sie hatten von uns nur gehört, dass wir nichts für unmöglich hielten.

Als Tinman zu uns kam, war er in vieler Hinsicht schwer

behindert. Er konnte nur langsam und stockend sprechen. Wegen der zurückgebliebenen Paralyse trat er sehr vorsichtig auf und hinkte. Doch schon bei unserer ersten Begegnung beeindruckte mich der Glanz in seinen Augen. Ich hatte sofort das starke Gefühl, dass er und ich wertvolle Lehrer füreinander sein würden und dass wir uns auf Wunder gefasst machen könnten.

Eine Woche nach unserer Begegnung bekam ich zwei Theaterkarten geschenkt und lud ihn ein, mit mir hinzugehen. Er willigte ein. Vorher besuchten wir ein Restaurant, wo er nur mit großer Mühe essen konnte. Er brauchte nicht nur lange, um seine Mahlzeit zu beenden, sondern als wir weggingen, hatte er große Schwierigkeiten, sich auf den Straßen von San Francisco fortzubewegen. Ich merkte, was für ein großer Lehrmeister in Geduld er für mich sein würde und was für ein Lehrer er für seine Familie bereits gewesen sein musste.

Tinman verbrachte im Zentrum viel Zeit mit der Gruppe und hatte viele Einzelsitzungen mit mir. Er fand außerdem einen guten Physiotherapeuten, der bereit war, mit ihm zu arbeiten. Wir hatten alle ein Ziel: Wir hatten den Entschluss gefasst, dass aus Tinman wesentlich mehr werden sollte als eine negative Statistik. Und wenn das Denken von zwei oder drei Menschen sich in einem einzigen, liebevollen Ziel vereint, dann passiert etwas!

Wir machten Tonbänder für ihn, die er sich selbst vorspielen konnte, wenn er schlief. Zuerst war nur meine Stimme darauf, aber später verwendete er seine eigene. Es handelte sich um Kassetten, die eine Aufnahme von drei bis fünf Minuten ständig wiederholen, einfach zu handhaben und sehr wirksam sind.

Auf dem ersten Tonband sagte ich Tinman, dass er sein

Gehirn wie eine Tafel ansehen und alles auslöschen sollte, was ihn an eine Zeit der Sprachschwierigkeiten erinnerte. Statt dieser Szenen des Kummers sollte er sich Szenen vorstellen, in denen sich sein Sprechvermögen ständig besserte. Ähnliche Suggestionen gab ich ihm bezüglich seiner Gehschwierigkeiten, seiner spastischen Lähmung und anderer damit zusammenhängender Probleme. Jeden Abend löschte er im Geist die negativen Bilder und ersetzte sie durch die positiven einer vollen Körperbeherrschung. Diese mentalen Bilder sollte er in spezifischer Form visualisieren, etwa indem er sich sah, wie er Ski fuhr oder ein Auto chauffierte.

Ungefähr einen Monat später kam Tinman in mein Sprechzimmer und sagte, ich sollte ihm zuschauen, denn er würde jetzt aus dem Stand ein Loch in den Boden machen. Fröhlich sprang er etwa fünfzehn Zentimeter in die Luft und landete auf seinen Füßen. Er sagte, dass er das zum ersten Mal seit seinem Unfall zuwege gebracht hätte.

Die anderen Jugendlichen in Tinmans Gruppe waren sehr geduldig mit ihm. Er erzählte gern Witze, und den meisten von uns kam es so vor, als würde er ewig dazu brauchen, um eine Geschichte zu erzählen. Später sagte er mir, dass das Zentrum für ihn der erste Ort war, an dem die Leute geduldig genug waren, seine Geschichten anzuhören, ohne ihn zu unterbrechen oder einen Satz für ihn zu beenden. In unserem Tagesablauf sind wir oft ängstlich darauf bedacht, Zeit zu sparen. Aber wie könnten wir unsere Zeit besser anwenden, als einem anderen in Liebe zuzuhören?

Nachdem Tinmans Sprechfähigkeit sich gebessert hatte, fand er eine weitere Anwendung für positive Bildvorstellungen. Bei einem Treffen sagte er uns, dass er in der Schule Schwierigkeiten mit Italienisch habe. Jedes Mal, wenn er eine mündliche Prüfung hatte, erstarrte er und konnte die richtige Antwort nicht geben. Ich schlug vor, dass er die Augen schließen und sich vorstellen solle, an einem Ort zu sein, an dem er ganz entspannt sei. Für Tinman befand sich ein solcher Ort in den Bergen. Dann ließen wir ihn alle alten Tonbänder in seinem Geist löschen von Zeiten, in denen er bei Prüfungen schlecht abgeschnitten hatte, und sagten ihm, dass er sie durch positive ersetzen solle, die ihn ruhig, entspannt und mit der richtigen Antwort auf die Prüfungsfragen zeigten. Wir schlugen außerdem vor, dass er seinen Lehrer als einen Freund betrachten solle, der ihm helfen wolle, statt als Feind, der darauf aus war, seine Schwächen herauszufinden und ihn bloßzustellen. Ich trug ihm auf, diese Bildvorstellungen bis zur nächsten Prüfung jeden Morgen nach dem Erwachen und jeden Abend vor dem Einschlafen zu üben. Wenn ihn dabei Angst überkam, sollte er eine Pause machen und sich selbst entspannt in den Bergen vorstellen. Dann sollte er mit dieser »positiven, aktiven Bildimagination« weitermachen, bis er sie fünfmal hintereinander ohne Angst durchführen konnte.

Beim nächsten Treffen erzählte Tinman uns aufgeregt von seinem großen Erfolg bei der Italienischprüfung. Auch andere Kinder in der Gruppe gaben zu, dass sie Schwierigkeiten mit Prüfungen hatten, und so wurde er zum Lehrer für die anderen und bestätigte wiederum, wie wichtig positive Vorstellungen sind.

Der Höhepunkt meiner Arbeit mit Tinman war ein Ereignis, das mir Tränen der Freude in die Augen trieb. Ich sollte vor einer Gruppe von Ärzten in Los Angeles einen Vortrag halten und fragte ihn, ob er mitkommen wolle. Er antwortete lächelnd, dass er verhindert sei, weil er zum Langlaufen gehen wolle.

Wir sind mehr als ein Körper

Joe Marks ist ein weiteres Beispiel eines Kindes, das die scheinbaren Beschränkungen seines Körpers überwand und weit über das hinausging, was man im Entferntesten für möglich gehalten hatte. Ich überlasse es Mary Marks, seiner Mutter, einen Teil von Joes Geschichte zu erzählen.

An einem Abend erhielt ich an meinem Arbeitsplatz in Südkalifornien, wo ich eine chiropraktische Ausbildung machte, die telefonische Nachricht, dass meine beiden Söhne, die bei ihrem Vater und ihrer Stiefmutter in Nordkalifornien lebten, einen Unfall mit einem Traktor hatten. Der Jüngere war unverletzt, aber man riet mir zu kommen, weil man nicht wusste, ob der Ältere durchkommen würde.

Von Los Angeles gab es keine direkten Flüge nach Eureka, und daher brauchte ich fünfzehn Stunden, bis ich das Krankenhaus erreichte. Ich fand meinen zwölfeinhalbjährigen Jungen nackt unter einem Laken mit einem riesigen Kopfverband, sein Bein im Strecker, mit zwei Infusionsflaschen und verschiedenen Sonden, davon zwei in seiner Nase, eine für Sauerstoff und eine andere, die ihm den Magen auspumpte. Er war ein furchtbarer Anblick und er war nicht mehr der normale, gesunde Junge, den ich vor wenigen Wochen gesehen hatte. Von dem Unfall hatte er gebrochene Rippen, drei Beckenbrüche, sein rechter Schenkel war entzwei, er hatte mehrere Schädelbrüche – seine ganze Schädelbasis war zersplittert –, und aus seinem Ohr drang Nervenwasser. Sein Kopf sah

aus wie eine zerquetschte Wassermelone. Man erwartete, dass er nicht mehr lange leben würde.
Ohne noch mehr grauenvolle Einzelheiten anzuführen, kann ich sagen, dass so viele seiner Körperfunktionen geschädigt waren, dass er nicht atmen konnte und neben anderen Komplikationen eine Lungenentzündung bekommen hatte. Das EEG zeigte nur noch langsam dahinrollende, beinahe flache Gehirnwellen, die besagten, dass Joe, sollte er durch ein Wunder überleben, offensichtlich nur dahinvegetieren würde, ohne sich bewegen oder denken zu können. Im Übrigen konnten sie für die Rippenbrüche nicht viel tun, und zuerst hatten sie sein Bein nur im Strecker, ohne es einzurichten. Später verwendeten sie Nägel und einen Gipsverband, damit man ihn leichter bewegen konnte.
Wir blieben rund um die Uhr bei Joe. Es war fast das Einzige, was wir für ihn tun konnten. Doch als mich kürzlich jemand aufforderte, einen schönen Ort zu visualisieren, gingen meine Gedanken in diese Intensivstation, wo ich neben Joe saß. Von dem Jungen war nichts mehr übrig als reine Liebe. Er schien völlig leer und teilnahmslos. Seine Augen bewegten sich nicht, und als er in den Finger gekniffen wurde, war sein Nervensystem so herunter, dass es nicht einmal eine primitive Reaktion gab. Und so lag er drei Monate lang da, und trotzdem war es für mich eine Freude, nur bei ihm zu sein. Es war, als wüsste der ganze Staat Kalifornien, dass Joe verletzt war. Ständig wurden Fürbitten für ihn gehalten und jeden Abend um neun Uhr eine Meditation. Der ganze Raum schien zu leuchten, und Joe schien einfach zu glühen, wie er dalag, ohne zu reagieren. Leute kamen herein, nur um bei ihm zu sein, und sie

sagten oft, dass sie da eine Art von Liebe oder Energie gespürt hätten. Das verstärkte natürlich meine eigene Fähigkeit, ihm meine Liebe auszudrücken.

Nach etwa fünf Wochen legte man uns nahe, ihn in eine Anstalt zu bringen, aber wir akzeptierten das nicht. So brachten wir ihn in ein Krankenhaus in einem Indianerreservat, in dessen Nähe sein Vater und seine Familie lebten. Das Krankenhaus war sehr klein, mit nur neun Betten, und wurde von einem Arzt geleitet, der ein guter Freund der Familie war.

Plötzlich bemerkte ich, dass ich eine Menge Einfluss auf Joes Leben hatte. Der Doktor interessierte sich sehr für Ernährung und forderte mich auf, Joes Diät zu überwachen. Er hatte eine Art Milchshake durch eine Sonde in seiner Nase bekommen. Ich änderte das Rezept und gab viel pulverisierte Vitamine und Minerale dazu. Ich nähte ihm ein paar bunte Kittel anstelle der weißen, die er trug. Ich wusch ihn, putzte seine Zähne und kämmte ihm das bisschen Haar, das wieder nachwuchs. Wir spielten in seinem Zimmer ständig Rock and Roll und klassische Musik. Ich saß in diesem Zimmer, und es wurde mein Heim, meine ganze Existenz.

Ich verbrachte viel Zeit damit, Joe im Arm zu halten und zu streicheln. Dann bewegten wir seine Arme und Beine und drehten ihn um, damit er sich nicht wund lag. Sein Bett sollte hochgestellt werden, um seinen Blutkreislauf anzuregen, aber stattdessen hielt ich ihn aufrecht und nahm ihn oft in den Arm. Natürlich war er abwesend, aber er war mein Kind. Ich liebte ihn, und es machte nichts aus, dass die einzige Reaktion, die ich bekam, die Wärme seines Körpers war.

Dann meinte sogar dieses kleine Krankenhaus, dass es nicht gerechtfertigt wäre, ihn länger zu behalten. In vieler Hinsicht war eine Besserung eingetreten. Die Lungenentzündung war verschwunden sowie die Niereninfektion und der Katheter. Die Luftröhrensonde war entfernt worden, die Narben verheilten, die Knochen heilten. Er tickte sozusagen, aber er war nicht wach. Er lag in einem Koma, und man wollte, dass wir ihn anderswo unterbrachten.

Aber kurz bevor die Familie Joe aus dem Krankenhaus holen musste, begann er zu reagieren. Erst drückte er die Hand seines Vaters, dann bewegte er ein Bein, wenn seine Mutter ihn dazu aufforderte. Er konnte nicht nur ihre Stimme hören, trotz der Tatsache, dass seine Trommelfelle punktiert und alle Knochen zertrümmert waren, sondern er führte auch Anweisungen aus.

Als Mary Marks an jenem Septemberabend hörte, was ihrem Sohn zugestoßen war, war ihre erste Reaktion Wut. Das Gefühl dauerte nur wenige Augenblicke, bevor ihre Haltung und ihre Gefühle sich veränderten.

Ich hielt einen inneren Dialog mit Joe und sagte ihm, dass ich alles verstünde, dass alles okay war, dass er auch gehen durfte, wenn seine Seele es tun musste. Ich sagte ihm innerlich, dass beides in Ordnung sei. Ich betete eigentlich nicht so sehr um seine Heilung als um Verständnis für das Geschehene.

Es ist schwer, Ihnen einen Begriff davon zu geben, mit welcher Hingabe, Bereitschaft und Liebe sein Vater Keith, seine Stiefmutter Sharon und seine Mutter Mary Joe überschütteten. Sie empfanden alle, dass Joe ein Teil der Familie war, gleichgültig, in welchem Zustand er sich befand, und es war ganz ihre Absicht, dass Joe dieses Zugehörigkeitsgefühl immer haben sollte.

Nach dem Ende seines Aufenthalts in dem Indianerhospital erwähnte Joes Großmutter Mary gegenüber meinen Namen. Sie studierte den *Kurs in Wundern*® und hatte in einem Vortrag von mir gehört, dass der Geist keine Grenzen hat. Außerdem hatte sie die Geschichte von Tinman Walker beeindruckt. Joes Arzt rief mich an und bat mich um eine Konsultation. Ich flog nach Eureka, wo er mich abholen und mit mir in die kleine Stadt Hoopa fliegen wollte. Es kam jedoch ein Sturm auf, der den Weiterflug verhinderte, und so fuhren wir schließlich mit dem Auto.

Endlich fanden wir den Wohnwagen, in dem Joe und seine Mutter wohnten. Joe lag im Bett und sah sehr niedergeschlagen aus. Er konnte nicht sprechen und war vollkommen blind aufgrund einer bilateralen optischen Atrophie. Er war fast völlig gelähmt. Trotz alledem spürte ich etwas wie eine positive Erwartung, eine Haltung von »Wir schaffen es«, die von Joe, seiner Mutter und der ganzen Atmosphäre in dem kleinen Wohnwagen ausging.

Ich erklärte Joe und seiner Mutter unsere Arbeit im Zentrum und erzählte die Geschichte von Tinman und anderen Jugendlichen, die wir erlebt hatten. Ich betonte unseren Glauben, dass die Menschen im Geist vereint sind und dass nichts unmöglich sei. Dann erzählte ich von einem unserer Projekte, das Tammy Cohen und später Cheryl Balsan leitete, in dem wir blinden Kindern beibrachten, Farben und Gegenstände wahrzunehmen, ohne sie zu berühren. Ich sagte Joe, dass wir einen vierzehnjährigen blinden Jungen namens Harold Alexander hatten, der nicht nur Farben identifizieren, sondern auch Rad fahren und viele Dinge tun konnte, die die meisten Leute nicht erwartet – oder geglaubt – hätten. Joe fand diese Möglichkeiten verlockend.

In der nächsten Stunde beschäftigten wir uns damit, einige Aspekte der geistigen Vereinigung aller Menschen zu erleben. Ich sandte Joe die Gedanken »Rot« oder »Blau«. Er nickte bei Rot und schüttelte den Kopf bei Blau. Innerhalb einer Stunde konnte er die Farben mit achtzigprozentiger Genauigkeit bestimmen, und seine Depression begann zu schwinden. Er wurde sogar sehr munter. Ich sagte Joe, dass sein Geist nicht auf den Körper beschränkt sei, und teilte ihm folgende Lektion aus dem *Kurs* mit:

*Ich bin kein Körper. Ich bin frei. Denn ich bin nach wie vor, wie GOTT mich schuf.**

Ich sagte ihm noch drei weitere Dinge. Erstens, dass er sich in Gedanken Filme vorstellen konnte, in denen er sich sah, wie er gehen und reden konnte. Zweitens, dass er sich mit Gott vereinen konnte, da er noch an Gott glaubte, dass er alle Zweifel löschen und annehmen konnte, dass bei Gott nichts unmöglich sei. Drittens schlug ich ihm vor, dass er in wenigen Tagen nach Los Angeles fliegen und in eine spezielle Rehabilitationsklinik für neurologisch geschädigte Patienten gehen sollte. Möglicherweise hatte er das Gefühl, dass es niemandem auf der Welt schlechter gehe als ihm, aber es wäre trotzdem gut für ihn, einen Menschen zu suchen, dem er helfen könnte, wenn er in die Klinik kam.

Ungefähr einen Monat später erhielt ich einen Brief von

Mary. Sie schrieb mir, dass Joe Zeiten großer Traurigkeit durchgemacht habe. Auf seiner Station sei ein kleines Kind, das an einer Störung des zentralen Nervensystems litt und unaufhörlich weinte. Kein Medikament schien zu helfen. Mary erinnerte sich daran, dass ich gesagt hatte, Joe solle einem anderen Menschen helfen, und da hob sie plötzlich das Kind auf, trug es zu Joes Bett hin und setzte es ihm auf den Schoß.

Zuerst sah Joe erschrocken drein. Dann begann er mit seiner linken Hand, die sich noch etwas bewegen konnte, das Kind sanft zu streicheln, das beinah im selben Augenblick zu weinen aufhörte. Mary schilderte die Situation so, als ob beide Kinder sich zu einem höheren Bewusstseinszustand erhoben hätten, in dem es nur Glückseligkeit und Frieden gab.

Ich flog einige Male nach Südkalifornien, um Joe und seine Familie zu besuchen. Bei einem dieser Besuche nahm ich Tinman Walker mit. Wir kamen genau zur rechten Zeit. Denn Joe, seine Stiefmutter und seine Mutter hatten den Mut verloren. Tinman kam herein und begann Joe zu erzählen, dass er Dinge tun konnte, welche die Ärzte nie für möglich gehalten hatten, und dass Joe das auch könnte. »Du musst dir nur immer sagen: ›Ich kann es; nichts ist unmöglich‹ und alle deine Zweifel ablegen.« Später sagte Joes Familie, dass Tinman mehr wert war als alles, was andere ihnen gesagt und was sie gelesen hatten. Sie hatten zum ersten Mal wirklich einen Menschen erlebt, der sich in ähnlicher Lage befand wie Joe und es geschafft hatte. Zwei Monate später begann Joe mit etwas Hilfe zu gehen.

Später fuhr ich mit einigen Mitarbeitern und einigen unserer Kinder nach Fullerton, Kalifornien, wo ich auf einer Tagung ein Referat zu halten hatte. Ich rief Mary vorher an und erkundigte mich, wie es ihnen ginge. Sie erzählte überschwenglich, dass Joe angefangen hatte zu sprechen! Ich fragte sie, ob sie Interesse hätten, zu der Tagung zu kommen und daran teilzunehmen. Sie antwortete begeistert: »Ja!«

Auf der Tagung waren lauter Leute im Auditorium, die im Gesundheitswesen tätig waren. Als Joe an der Reihe war zu sprechen, stand er auf und sagte: »Man kann nie wissen, was ein anderer in der Zukunft schaffen kann. Sehen Sie mich an. Ich hätte dahinvegetieren sollen. Sagen Sie Ihren Patienten, dass sie nie aufgeben sollen, dass nichts unmöglich ist – sehen Sie nur mich an.« Tränen der Freude stiegen mir in die Augen und ich glaube, auch allen anderen.

Ein anderes Mal nahm ich Harold Alexander, der blind war, und seine Freundin zu einem Besuch bei Joe mit. Dieses Wochenende war eine Erfahrung, die ich nie vergessen werde. Stellen Sie sich vor, was ich empfand, als wir das Flugzeug bestiegen und ich erfuhr, dass Harold noch nie geflogen war. Die erste Flugerfahrung eines blinden Menschen mitzuerleben ist wirklich ein Geschenk!

Als wir in Joes Haus kamen, erzählte Harold, dass in der vergangenen Woche seine Schwester und ihre Freundin ihn besucht hätten. Als sie das Zimmer betraten, sagte er zu der Freundin: »Deine Kleider sind heute anders.« Sie antwortete: »Woher weißt du das? Du bist doch blind.« Er wollte gerade etwas erwidern, als Joe ihn unterbrach und sagte: »Ich weiß, was du gesehen hast; sie hatte keinen BH an.« Worauf Harold sehr überrascht aussah und fragte: »Wie konntest du das wissen? Du warst ja gar nicht dabei.« Dann fingen beide an zu lachen. Hier waren zwei Jungen mit der jeweils gleichen Erfahrung, dass sie Veränderungen spürten, obwohl sie sie nicht sehen konnten, und legten damit ein Zeugnis ab für das grenzenlose Potential unseres Geistes.

An diesem Tag sah ich, wie Harolds Freundin Fotos von ihm machte. Später, als ich mich mit Keith, Joes Vater, unterhielt, glaubte ich meinen Augen nicht zu trauen. Da stand Harold mit einer Kamera und fotografierte seine Freundin! (Das Bild wurde übrigens großartig.) Kurz nach unserem Besuch begann auch Joe zu fotografieren und stellte die Kamera mit bemerkenswerter Genauigkeit auf seine Objekte ein.

Angst ist die Einladung zum Frieden

Ich bin sehr dankbar für die Zeit, die ich mit diesen jungen Lehrmeistern verbringen darf, denn sie erinnern mich ständig daran, dass es keine Grenzen gibt, die wir nicht überschreiten können – ein Konzept, das ich immer wieder erwähne, aber trotzdem oft vergesse. Ein jeder, der Tinman, Joe oder Harold sieht, muss anerkennen, welch einen großen Teil der Heilung das Loslassen von Angst ausmacht.

Richtig betrachtet, kann die Angst als eine Aufforderung unserer Psyche gedeutet werden, zu einer höheren Ebene der Freiheit aufzusteigen. Wir sind nicht aufgefordert, von der Gefahr wegzulaufen, sondern uns in Sicherheit zu begeben. Zwischen diesen beiden Richtungen besteht ein riesengroßer Unterschied.

Sicherheit liegt im »Ich kann«. Wir wählen immer zwischen einer Bejahung und einer bloßen Verneinung des Lebens. Entweder helfen uns unsere Gedanken und richten uns auf, oder aber sie führen uns in Depression und Hoffnungslosigkeit. Auch die geringste Kritik oder Beschwerde unsererseits stützt ein ganzes Denksystem, welches das Licht in jedem einzelnen Lebewesen vor uns verleugnet. Unsere Ideen sind wie die Trittsteine auf unserem Weg. Es gibt keinen einzigen Gedanken, der uns nicht irgendwo hinführt. Daher dürfen wir unser Inneres nicht im Konflikt belassen, wenn wir die Richtung von Gesundheit und Frieden einschlagen wollen.

Um frei von Konflikt zu sein, braucht man nur eines: ein Ziel, das selbst konfliktfrei ist. Etwas verändern zu wollen ist eine Form des Kampfes; etwas haben zu wollen, das uns erst in der Zukunft gehören kann, bedeutet, unser Potential zu blockieren, und verhindert im Jetzt glücklich zu sein. Setzen Sie sich daher ein Ziel, das Sie erfüllen können, dort, wo Sie gerade stehen. Machen Sie aus diesem Augenblick ein Tor zur Freiheit, und Sie werden bemerken, dass es sich jedes Mal, wenn Sie in Frieden zu diesem Augenblick zurückkehren, ein Stückchen weiter öffnet.

9

Geben ist Empfangen

Der dritte Grundsatz innerer Heilung legt das fundamentale und universelle Gesetz des Besitzens dar. Es gibt wenige Konzepte, denen ein tieferes Misstrauen entgegengebracht wird als der Idee, dass man etwas Wertvolles nur dann behalten könne, wenn man es verschenkt, und umgekehrt, dass wir sofort verlieren, was wir anderen wegzunehmen suchen.

Der dritte Grundsatz besagt:
Geben ist Empfangen.

Wenn wir unsere Aufmerksamkeit darauf richten, zu geben und uns mit anderen zu vereinen, fällt die Angst weg, und wir empfangen Heilung.

Zweifellos glaubt unser Ego an das Gesetz der Knappheit, nämlich dass wir, wenn wir einem anderen etwas geben, automatisch weniger haben. Dieses dritte Prinzip erkennt ein drittes spirituelles Gesetz an, welches auf der Wahrheit beruht, dass wir immer Liebe im Überfluss haben. Wenn wir den dritten Grundsatz praktizieren, indem wir anderen geben und uns mit ihnen vereinen, aktivieren wir das Gesetz der Liebe. Doch obwohl wir häufig ein Lippenbekenntnis dazu ablegen, bringen wir dieser Vorstellung noch immer nicht viel

Vertrauen entgegen. So bekommen zum Beispiel viele Jungen und Mädchen, wenn sie anfangen auszugehen, einen entsprechenden Rat mit, und manche Erwachsene werden durch Ratschläge in Zeitschriften und Büchern, wie man in dem »Spiel« von Liebe und Sex gewinnen kann, auf indirektere Weise manipuliert.

In den fünfziger Jahren war es nichts Ungewöhnliches, dass eine Mutter ihre Tochter bei ihrer ersten Verabredung mit einem jungen Mann instruierte, dass sie dafür sorgen müsse, dass er sich wohl fühlte. Als Technik wurde ihr angeraten, Interesse für ihn zu zeigen und nicht zu versuchen, seine Aufmerksamkeit dadurch zu fesseln, dass sie über sich selbst sprach. Bücher und Zeitschriftenartikel aus dieser Zeit legten ihr nahe, dieses Interesse zu bekunden, indem sie Fragen über ein Thema stellte, über das er gerne redete. Es wurde ihr nicht geraten, mit dem Herzen zuzuhören, sondern vielmehr so zu tun, als würde sie zuhören. Aber auch wenn sie »Geben ist Empfangen« in dieser etwas unaufrichtigen Form praktizierte, entdeckte sie vermutlich trotzdem, wie leicht sie sich selbst glücklich machen konnte, wenn sie Rücksicht auf ihren Freund nahm. Sie machte die Erfahrung, dass sie, als sie ihrem Freund die Befangenheit nahm, sich selbst ebenfalls entspannte.

Zwar haben wir gelegentlich die Befreiung aus der Angst erfahren, die aus dem Trost kommt, den wir anderen spenden, aber wir sind nach wie vor davon überzeugt, dass auch Nehmen und Behalten ihren Lohn haben. Und so versuchen wir, geduldig und freundlich zu sein, und nehmen unsere Liebe wieder zurück, wenn unsere Bemühungen nicht entsprechend gewürdigt werden. Wahres Geben verlangt kein Opfer, aber wenn die Art, wie wir geben, einen Konflikt enthält, müssen wir ihn ehrlich anschauen, wenn wir je ein Glück ohne Widersprüche erfahren wollen.

Wir alle haben Augenblicke erlebt, in denen wir in unseren eigenen Problemen steckten – sei es in physischen, emotionalen oder finanziellen –, als wir plötzlich gerufen wurden, jemandem in Not beizustehen. Erst nachdem die Krise vorüber war, bemerkten wir, dass unsere eigenen Probleme während der Zeit, als wir darauf konzentriert waren zu helfen, aus unserem Bewusstsein verschwanden. Dabei ist wichtig festzustellen, dass sie zwar aus unserem Bewusstsein, aber vielleicht nicht aus unserem Leben verschwanden. Wahres Heilen ist keine Manipulation der äußeren Situation, sondern eine Wandlung des Herzens. Es ist keine Veränderung der Umstände, obwohl diese als Begleiterscheinung auftreten kann.

Wenn es uns darum zu tun ist zu geben, dann empfangen wir auch, weil unsere persönlichen Ängste aus unserem Denken verschwinden. Wenn wir erkennen, dass das, was dem Interesse eines anderen am besten dient, auch uns vollkommenen Gewinn bringt, dann erlangen wir innere Ruhe, wenn auch nur für kurze Zeit, weil wir in dem Augenblick unsere eigene Hölle hinter uns gelassen haben. Die Psyche kann sich nicht auf Elend konzentrieren, wenn sie von dem Verlangen durchdrungen ist, zu heilen und glücklich zu machen, auch dann, wenn das Erscheinungsbild und die Formen des Elends bestehen bleiben.

Unsere Erfahrung im Blickpunkt

Eines Abends, als ich eine neue Erwachsenengruppe im Zentrum traf, erläuterte ich einige Grundsätze Inneren Heilens im Zusammenhang mit der Linderung von Schmerzen. Links von mir saß eine etwa vierzigjährige krebskranke Frau namens Sarah, die sagte, sie habe Metastasen und sei schon ungefähr vier Monate nicht mehr ohne Schmerzen gewesen, obwohl sie große Dosen verschiedener Schmerzmittel einnahm.

»Wären Sie bereit, sich inneren Frieden zu verschaffen, wenn auch nur für eine Sekunde?«, fragte ich sie. »Ja«, antwortete sie. »Seit Jahren habe ich keinen inneren Frieden mehr. Wie kann ich dazu kommen?« »Sie müssen bereit sein, jede Person in diesem Raum anzusehen und sie mit der ganzen Liebe, die Sie in sich haben, zu lieben, ohne etwas dafür zu erwarten«, sagte ich.

Sie antwortete, dass sie dazu bereit sei, aber sie schien gewisse Zweifel zu haben. Ich bat alle anderen im Zimmer, ebenfalls ihre ganze Aufmerksamkeit darauf zu konzentrieren, Sarah einen Augenblick lang zu lieben. Alle waren einverstanden, und ich fügte hinzu, dass niemand von uns Sarah nach dem Resultat fragen würde. Das sagte ich deshalb, weil wir, wenn wir davon reden, unser Bewusstsein der Liebe blockieren, weil das Vertrauen fehlt. *Liebe ist ein Zustand des vollkommenen Vertrauens, das auf Wahrheit beruht.*

Als der Augenblick der gegenseitigen Zuwendung von Liebe vorüber war, ging die Sitzung weiter wie gewöhnlich. Zwei Stunden danach, als wir uns voneinander verabschiedeten, stand Sarah plötzlich auf und sagte: »Ich kann mich nicht mehr zurückhalten. Ich muss allen sagen, dass meine

Schmerzen weg sind.« Dann ging sie mit Tränen in den Augen im Zimmer herum und umarmte jedes Mitglied der Gruppe.

Ich glaube, Sarah erlebte durch Liebe eine Vereinigung mit etwas, das vorher außerhalb ihrer selbst zu sein schien. Einen Augenblick lang erlebte sie die Tatsache, dass sie nicht allein war. Als sie ganz damit beschäftigt war, Liebe auszustrahlen, die ihr Wesen ist, achtete sie nicht mehr auf ihr Ego und seine Angst vor Schmerzen. Sie machte sich frei von Schmerzen, indem sie sich von dem Bild der Schwäche, Verletzlichkeit, Isolation und Hoffnungslosigkeit befreite, das sie von sich selbst hatte.

Was Sarah empfand, lässt sich universell anwenden. Die besondere Form des physischen oder psychischen Leidens spielt keine Rolle. In der Liebe gibt es keine Schmerzen. Aber uns geht es um Liebe, nicht allein um die Linderung von Schmerzen.

Der Begriff »Ego«, wie ich ihn in diesem Buch verwende, steht für das irrtümliche Selbstverständnis, das wir alle in unseren Gedanken haben. Es ist ein Bild oder eine Vorstellung von uns selbst, deren Mutmaßungen überhaupt nicht stimmen. Wir sind keine Wesen, die getrennt voneinander und leicht zu verletzen sind, noch lässt sich die Reichweite unserer Gedanken auf die Grenzen unseres Körpers beschränken. Aber wenn wir unsere ganze Aufmerksamkeit auf ein schwaches und trostloses Bild von uns selbst konzentrieren, wie wir es meistens tun, dann blockieren wir die Erkenntnis dessen, was wir wirklich sind. Daher machen wir all die Gefühle durch, die ein winziger Körper auf seiner Reise durch eine gefährliche und lieblose Welt erfährt.

Ein Augenblick der Liebe, wie Sarah ihn erlebte, zeigt uns, wie verkehrt und kleinlich das Bild sein kann, das wir uns von uns selbst machen, denn er bringt uns die Tatsache zum Bewusstsein, dass wir völlig integriert und vereint sind mit allem Leben, und dass keine Form des Trostes, der Hilfe oder Heilung außerhalb unserer Reichweite liegt. Das kann man nicht intellektuell erfahren. Es bedarf der Liebe, um diese Veränderung zu empfinden. Und es ist praktisch, die Liebe zu suchen statt eine weltliche Lösung unserer Probleme. Denn Liebe schließt Handeln nicht aus; sie gibt unseren Handlungen inneren Frieden.

Wenn Sie den Versuch machen, sich fünf Minuten auf diese Art von Liebe zu konzentrieren, sind Sie vielleicht anfangs nicht in der Lage dazu. Ihr Geist schweift ab, stellt Vergleiche an und urteilt wie gehabt. Da aber das Praktizieren von Liebe identisch ist mit dem Praktizieren von Frieden, wäre es destruktiv, die Kontrolle des Geistes zu einem weiteren Schlachtfeld zu machen. Eine mühelose und angenehme Freiheit von Konflikten ist der fruchtbare Boden, auf dem die Liebe gedeiht. Es wäre viel besser, uns mit Tröstungen zufrieden zu geben, als unserer Psyche im Namen der Liebe weitere Spannungen hinzuzufügen. Eine gute Regel für das geistige Verhalten ist die folgende: *Denken Sie an das, was Sie wirklich glücklich macht.*

Wenn Sie das einmal ein oder zwei Sekunden lang geschafft haben, dann bringen Sie vielleicht den Mut auf, Ihre Konzentration auf mehrere Sekunden und später auf eine Minute oder noch länger auszudehnen. Wenn Sie mit Ihrer geistigen Umerziehung fortfahren, werden Sie schließlich entdecken, dass die Erfahrung von Frieden und Liebe sich gelegentlich auf einen ganzen Tag ausdehnen lässt.

Die Hilfe, die wir geben, kommt uns selbst zugute

In wenigen Augenblicken demonstrierte mein Vater mir einmal, dass wir auch dann, wenn wir von unserer Gesundheit und unserer Kraft abgeben, von beiden nicht weniger, »sondern mehr haben. Ich aß mit meinen Eltern, die in einem Altenheim wohnten, gerade zu Mittag, als Folgendes passierte: Mein Vater hatte seit Jahren die parkinsonsche Krankheit. Zu den Symptomen gehörten Zittern, Gehschwierigkeiten und ein maskenhafter Gesichtsausdruck. An diesem Tag schien er außerdem deprimiert zu sein. Mit uns am Tisch saß ein Mann gleichen Alters, der durch dieselbe Krankheit noch schwerer behindert war als er. Er konnte ohne Hilfe nicht gehen, und als seine Frau ihm nicht gleich zu Hilfe kam, wurde er ungeduldig und bat meinen Vater, ihn zu seinem Zimmer zu geleiten.

Mein Vater nahm den Mann am Arm, und stark zitternd begannen beide zu gehen. Plötzlich richtete mein Vater sich auf, und sein Zittern wurde schwächer, bis es fast nicht mehr sichtbar war. Er begann zu lächeln. Nach etwa zehn Minuten kehrte er zurück, wieder in seiner gebeugten Haltung. »Was für eine bemerkenswerte Demonstration«, dachte ich. Wenn mein Vater ganz darauf konzentriert war, einem anderen zu helfen, war er frei von den Symptomen der eigenen Hilflosigkeit. Während er einem anderen Stärke und Sicherheit gab, hatte er offensichtlich selbst mehr von beidem, und außerdem war er glücklich. Sobald er sich aber nicht mehr als nützlich empfand, gewann die Vorstellung seiner Schwäche wieder die Oberhand. Vermutlich geschah dies alles, ohne dass ihm diese Zusammenhänge bewusst wurden.

Ein weiterer Zeuge dieser Beziehung zwischen Ursache

und Wirkung war Paul Johansen, der mit Tony Bottarini, einem anderen Kind aus dem Zentrum, im Fernsehen auftrat. Zusammen vermittelten sie über fünfzig Millionen Zuschauern die Botschaft »Lehre nichts als Liebe«. Pauls Mitwirkung in diesem Programm war, was die meisten Zuschauer nicht wussten, die Erfüllung einer Vereinbarung, die er mit Gott getroffen hatte.

Mit dreizehn Jahren erkrankte Paul und stellte selbst die Diagnose, dass er einen Gehirntumor hatte. Die späteren Untersuchungen erwiesen, dass er Recht hatte. Im Verlauf des Jahres wurde er, nachdem er sein Testament gemacht hatte, in das Columbia Presbyterian Hospital in New York City eingewiesen. Er war schwer krank, hatte seit einer Woche nichts mehr gegessen und hing am Tropf. Seine Familie und sein Arzt machten sich darauf gefasst, dass er nicht länger als ein oder zwei Tage leben würde. Dann geschah ein Wunder. Paul schilderte mir später das Ereignis:

Es war mitten in der Nacht, und ich wusste nicht, ob ich träumte oder eine Vision hatte oder ob ich wach war. Ich weiß nur, dass ich mit Gott redete. Ich bat Gott um ein Signal, dass ich ein bisschen mehr Zeit bekommen könnte, um meinen Freunden zu helfen. Ich sagte ihm, dass ich genug hatte von den Schmerzen und dem Leiden. Ich hatte es satt, gegen meinen Krebs anzukämpfen. Ich hatte es satt, gegen Ihn anzukämpfen. Ich sagte Gott, dass ich bereit bin, Seinen Willen zu meinem Willen zu machen, und wenn ich jetzt sterben sollte, dann war es in Ordnung, aber ich glaubte, dass ich mehr zu geben hätte, und ich meinte, Er sollte mir noch etwas Extrazeit geben. Gott antwortete, dass Er es sich kurz überlegen wollte.

Dann war Er einverstanden, mir noch ein bisschen Zeit zu geben.

Am nächsten Morgen verlangte Paul zum Erstaunen aller feste Nahrung. In den darauf folgenden Tagen begann er zuzunehmen und wurde kräftiger. Bald konnte er sich in einen Rollstuhl setzen und wurde aus dem Krankenhaus entlassen. Später begann er, mit einem Stock zu gehen, und kehrte sogar in die Schule zurück.

Um diese Zeit erfuhr seine Mutter Barbara von unserem Programm und setzte sich mit dem Zentrum in Verbindung. Einige Mitarbeiter und ich hatten einen Termin für einen Vortrag in New York, und so vereinbarten wir mit ihr, sie zum Mittagessen in Manhattan zu treffen. Wir unterhielten uns. Sie war begeistert von unserem Programm und drückte den Wunsch aus, in engeren Kontakt mit uns zu treten. Ich sagte ihr, dass ich in einigen Wochen zurückkehren und am College für Ärzte und Chirurgen der Columbia University einen Vortrag über die Begriffe Leben und Tod halten würde, und fragte, ob Paul Lust hätte mitzumachen. Ich würde ihn in meinem Vortrag interviewen. Wir entschieden, dass Barbara ihn fragen und dass ich sie im Lauf der Woche anrufen würde.

Paul war einverstanden, und wir trafen uns eine Stunde vor dem Vortrag. Aber es war so, als hätten wir einander unser ganzes Leben lang gekannt. Ein Korrespondent von NBC drehte zufällig an diesem Tag einen Film im Hospital. Er hatte gehört, dass wir ein Interview machen wollten, und fragte uns, ob er es filmen dürfe. Wir stimmten zu, und Paul war an diesem Tag ein großartiger Lehrmeister, als er seine Geschichte erzählte und über seinen Glauben sprach, dass unser Zweck auf Erden darin besteht, uns gegenseitig zu dienen und zu helfen. Er gab nicht nur einem zahlreichen Publikum von Medizinern Hilfe, sondern an diesem Abend wurden Tausende von Fernsehzuschauern von seiner Tapferkeit inspiriert.

Einige Monate später kamen Paul und seine Mutter zu uns ins Zentrum. Er sah seiner ersten Sitzung im Zentrum mit Spannung entgegen, weil er so viel über die Kinder gehört hatte. Später erzählte er seinen Eltern, dass die Kinder, die er im Zentrum kennen gelernt hatte, viel mehr Frieden ausstrahlten als andere Kinder, die er kannte.

Paul und seine Mutter verbrachten die Nacht bei mir, und am nächsten Morgen besuchten sie die regelmäßige Andacht um neun Uhr. Wir alle spürten auf ganz besondere Weise die Anwesenheit Gottes. Es war zur Gewohnheit geworden, uns beim Beten einfach an den Händen zu halten und zu schweigen. Paul bemerkte: »Ich mag, wie ihr betet und gar nicht dabei redet.« Im Lauf des Tages sagte er, dass die Morgenandacht ihn »ganz aufgeladen« hätte mit Energie und dass er sich seit Wochen nicht mehr so gut gefühlt hätte.

Bei anderer Gelegenheit sprachen Pauls Schwester Kathleen und ich zu vielen Hörern am Carleton College in Minnesota von ihm. Als wir geendet hatten, machte ich den Vorschlag, dass wir und das Publikum einige Minuten schweigen und Paul, der gerade in Connecticut war, Gedanken der Liebe senden sollten. Seine Eltern berichteten mir später, dass Paul in dem Augenblick, als wir beteten, einen Strom von Energie spürte. Er stand auf und ging ohne seinen Stock, wozu er schon seit Monaten nicht mehr in der Lage gewesen war.

Dies ist ein weiteres Beispiel für die Heilkraft der Liebe und eine deutliche Demonstration, dass wir auf geistiger Ebene von anderen nicht getrennt sind. Wir vergessen manchmal, wie stark diese stille Form der Hilfe ist. Wir lassen es zu, dass wir in ein Gefühl der Schwäche abgleiten, weil derjenige, der uns braucht, entfernt und unerreichbar scheint. Es ist wichtig, daran zu denken, dass wir dann, wenn wir einem Menschen unseren stillen Segen schicken, kein physisches Leiden verändern, sondern uns daran erinnern wollen, dass die Liebe das Bindeglied zwischen allen Kindern Gottes ist. Das Weitergeben von Liebe von einem zum anderen hat auf einer sehr tiefen Ebene eine unsichtbare Wirkung. Dabei sind die körperlichen Auswirkungen, die Paul erfuhr, nicht in dem Maße wichtig wie die Liebe, die ihn und seine Familie umgab, denn sie wird weiterwirken.

Das Zentrum hielt Kontakt mit Paul durch häufige Telefongespräche mit ihm und seinen Eltern. Wenn ich im Osten war, fuhr ich immer nach Connecticut und besuchte ihn. Bei einem meiner Besuche ging es ihm nicht gut. Er sah blass und deprimiert aus. Ich erinnerte ihn daran, dass wir im Zentrum daran glauben, dass man dann, wenn man einem anderen hilft und ihn, wenn auch schweigend, liebt, sich glücklicher fühlt und dass die Depression nachlässt, sei man auch noch so krank. Ich erzählte ihm von einem neuen Freund von mir, Tony Bottarini, der zehn Jahre alt war. Er schien in jeder Hinsicht normal zu sein, als er vor wenigen Wochen Schmerzen im Bein bekam. Es stellte sich heraus, dass er Knochenkrebs hatte, und sein Bein musste amputiert werden. Ich sagte, dass ich ihn im Krankenhaus anrufen würde, und vielleicht hätte Paul Lust, mit ihm zu reden. Ich sagte, ich wüsste, dass er ihm helfen könne.

Wir riefen an, und wieder sah ich das Phänomen, das ich so oft erlebt hatte. Als er anfing, mit Tony zu reden, wurde dieser Junge, der eben noch halb tot ausgesehen hatte, vollkommen lebendig. Er begann, Tony lustige Geschichten zu erzählen, und wie sie so miteinander redeten, bahnte sich eine enge Freundschaft zwischen ihnen an.

Einige Wochen später rief ein Produzent der amerikanischen Fernsehsendung »60 Minuten« an und sagte, dass er gerne etwas über unser Zentrum bringen wollte, und erkundigte sich nach verfilmbaren Ideen. Ich sagte ihm, dass es sicher sehr eindrucksvoll wäre, Tony und Paul bei einem Telefongespräch aufzunehmen und damit zu demonstrieren, was junge Menschen ohne jede andere Hilfe füreinander tun können.

Dann kam mir der Gedanke, dass dies ein Teil der Erfüllung von Gottes Zusage war, Paul ein bisschen mehr Zeit zu geben, damit er anderen helfen konnte. Ich glaube aber nicht, dass Paul sich je hätte träumen lassen, dass diese anderen mehr als fünfzig Millionen Menschen bedeuten würden.

Während seiner gesamten Krankheit fuhren Paul und seine Familie fort, mit mir zusammen öffentlich zu sprechen und vielen anderen Menschen telefonisch zu helfen. Am 17. Oktober erhielt ich um fünf Uhr früh einen Anruf von Pauls Familie, in dem mir mitgeteilt wurde, dass Paul friedlich im Schlaf gestorben sei. Einige Jahre später starb auch Tony.

Mit Pauls Eltern und seiner Schwester Kathleen verbindet mich weiterhin eine herzliche Freundschaft, und wir halten engen Kontakt. Ich hielt eine Ansprache bei Kathleens Trauung, und ich spüre Pauls Präsenz, wo immer ich bin. Ich werde Tony und Paul immer als hervorragende Lehrer der Liebe betrachten.

Nur die Gabe des Herzens zählt

Die Gabe, die wir anderen reichen, besteht nicht nur aus unseren Worten und Taten, sondern auch aus dem stillen Inhalt unserer Gedanken. Der folgende Bericht, den Sharon Tennison während einer Sechzehnstundenschicht bei einem Patienten aufschrieb, vermittelt ein Bild von der potentiellen Kraft und Schönheit unserer schweigenden Geschenke.

Ein vierzigjähriger Lehrer, ein Schwarzer, lag still im Bett... gestern eine Subarachnoidalblutung... heute ist er ruhig gestellt und wartet, dass die Blutung in seinem Kopf aufhört. Sie kann jederzeit nachlassen oder sich verstärken.

Das Zimmer ist still... die Vorhänge sind zugezogen, um Sinnesreize zu reduzieren... Überprüfung von Lebenssignalen und Gehirn jede Stunde zur Überwachung seines Zustands... gefasst auf alles. Es herrscht ein gespannter Frieden, wenn so etwas möglich ist. Ein kleiner baskischer Priester kommt herein und macht seine übliche Runde. Leise, mit echter Anteilnahme erkundigt er sich nach dem Zustand meines Patienten. Es rührt mich, wie er an das Bett tritt und seine Hand – Handfläche nach unten gekehrt – ungefähr fünfundzwanzig Zentimeter über den Kopf des Mannes hält und leise zu beten beginnt. Nach einigen Minuten schlägt er langsam ein großes Kreuz über dem Kopfende meines Patienten und verschwindet still aus dem Zimmer.

Ich bemerke, dass mir Tränen in die Augen treten. Warum sind mein Herz und meine Seele davon im Innersten so berührt? Dieser kleine Priester, der in den Sechzigern zu sein scheint, mit angegrauten Haaren, nicht größer als 1 Meter 60, geht durch das Krankenhaus, tröstet die Leidenden, gibt den Kranken Mut und betet mit den Sterbenden. Und heute ist er hier, betet bei einem schlafenden Mann und liebt ihn, der ihn nicht einmal kennt – oder nicht einmal weiß, dass er da ist. Und das ist seine Arbeit in der Welt. Er verrichtet sie mit großer Würde und Barmherzigkeit.

Wie viele Male gedenken Menschen unser in Liebe oder im Gebet, und wir wissen es gar nicht? Und ich frage mich, ob diese stillen Gedanken nicht vielleicht wesentlich zu unserer Lebensenergie beitragen. Wenn die Wissenschaftler und Visionäre des Neuen Zeitalters Recht haben, sind wir alle durch eine gemeinsame Energie oder Lebenskraft miteinander verbunden, und die Gedanken und die Energie eines Menschen können sich auf einen anderen auswirken.

Das bringt mich zu einem Gedanken, der mich nicht loslässt, nämlich dass die Energie, die ich aussende, eine Auswirkung auf jeden Menschen haben könnte, der um mich ist, dem ich auf dem Flur oder auf der Straße begegne. Sende ich ein Lächeln, eine stille Botschaft der Liebe, eine schweigende Bestätigung, die ihnen sagt »Ich muss etwas wert sein, denn diese Person hat mich hoch genug geschätzt, um mit mir zu reden«? Oder strahle ich aus, dass ich innerlich besetzt bin, igele ich mich in meinem kleinen Ego ein und ermuntere andere, dasselbe zu tun?... Wie eingeschlossen bin ich doch, wenn ich mich für das Letztere entscheide... wie viel Wärme und Verständnis habe ich dagegen, wenn ich das Erstere wähle.

Meine Gedanken kehren langsam von ihrer Reise in zeitlose Möglichkeiten zum Bett dieses prächtigen Menschen zurück, und ich mache weiter, wo der kleine baskische Priester aufgehört hat. Ich bin so bewegt und demütig vor der Möglichkeit, dass wir auf diese stille Weise gegenseitig in unser Leben treten können.

Unsere Versuche zu geben, sind unbefriedigend, wenn wir einen Teil unserer Liebe oder unseres Wohlwollens zurückbehalten, während wir unsere Gabe anbieten. Dies gilt unabhängig von der Form unserer Gabe, denn das wirkliche Geschenk ist die Regung der Liebe in unserem Herzen. Obwohl unsere ersten stillen Versuche des Gebens im Lichte dessen, was zu geben wäre, klein erscheinen, werden wir sogar dabei den grenzenlosen Schatz in uns spüren, aus dem wir nehmen. Und wir werden noch etwas anderes bemerken: Je mehr Anleihe wir machen bei unserem Vorrat an Liebe und Frieden, desto mehr wächst er.

Der folgende Brief von Marie Van Lint ist ein sehr deutliches Beispiel dieses schönen Prinzips, das unsere Wirklichkeit beherrscht. Ich möchte ihren Brief an den Schluss dieses Kapitels über das Geben stellen und nichts weiter dazu sagen, als dass Marie Van Lints Belohnung keine äußere war, sondern ein innerer Segen.

Ich befand mich in einer Kirche, die von Menschen überquoll. Wir waren gekommen, um Jerry Jampolsky und andere Sprecher zu hören. Die Musik war schön, die Atmosphäre vibrierte förmlich, und ich war überglücklich, dass ich hier sein durfte.
Als das Körbchen für die Kollekte herumging, dachte ich:

»Wie viel soll ich hineintun?« Wie gewöhnlich, wenn ich nicht sicher bin – und manchmal sogar dann, wenn ich es bin –, wandte ich mich an den Heiligen Geist: »Bitte sag du mir, wie viel soll ich geben?«

»Alles«, lautete die leise Antwort in meinem Inneren.

Ich erschrak. »Du machst Witze«, sagte ich. Ich hatte eben einen ziemlich großen Scheck eingelöst und trug das Geld in der Brieftasche bei mir. »Schau, ich habe mir so etwas wie zwei bis fünf Dollar vorgestellt.«

»Alles«, wiederholte die leise Stimme.

Ich öffnete meine Brieftasche und sah hinein. Zwanzigdollarnoten, Zehner, Fünfer – mein ganzes »Taschengeld« für die nächsten zwei Wochen.

»Bist du sicher? Das Ganze?« Wie konnte ich sicher sein, dass es auch wirklich die Stimme des Heiligen Geistes war? Es konnte ja auch die Stimme des Ego, einer vergangenen Schuld, Gruppenschwingungen oder irgendetwas Anderes sein.

»Alles.«

Und ich wusste, dass ich gehorchen musste. Ich hatte der Stimme immer vollständig vertraut. Wenn ich ihr jetzt nicht traute, würde das bedeuten, dass ich ihr vielleicht sehr lange nicht mehr vertrauen würde. Ein bisschen Vertrauen gibt es nicht. Entweder man vertraut oder eben nicht.

Ich schluckte also und griff in meine Geldbörse, nahm das ganze Bündel Banknoten heraus und ließ es in das Körbchen fallen. »Immerhin«, dachte ich schmunzelnd, »habe ich noch ein paar Münzen in der Börse, wenn ich etwas für die Parkuhr brauche.«

»Ich sagte, alles.«

»Du bist wirklich unerbittlich«, dachte ich, als ich auch die paar kleinen Münzen in das Körbchen leerte.
Ein unglaubliches Gefühl von innerem Frieden und Liebe durchströmte mein Herz, als das Körbchen weitergereicht wurde. Jetzt verstand ich, dass die Zwanziger-, Zehner- und Fünfernoten ohne die letzten paar Münzen keinen Sinn gehabt hätten und dass die Lektion ganz und gar nichts mit Geld zu tun hatte.
Es war Hingabe. Vollkommene Hingabe. Ich könnte mich um Lichtjahre auf mein Ziel zubewegen, aber wenn ich auch nur ein Zoll davor haltmachte, wäre der ganze Weg umsonst.
Das ist das Geschenk, das ich erhielt. Alles geben heißt alles empfangen. Auf den ersten Blick sieht es so aus, als wäre der Tausch ein ganz ungleicher – geistiges Bewusstsein im Austausch gegen ein paar Dollar –, aber ich denke anders darüber. Dem Heiligen Geist einen Augenblick – einen heiligen Augenblick absoluten Vertrauens und absoluter Hingabe zu schenken, das ist die Gabe, die er verlangt. Es ist eine große und würdige Gabe; es ist das, was ich schenken konnte. Dass Seine Gaben an mich so viel größer sind, spielt keine Rolle. Sie sind das, was Er schenken kann.

10
Vergangenheit und Zukunft loslassen

Der vierte Grundsatz der Inneren Heilung ist der Schlüssel, der das Tor zur Gegenwart der Liebe öffnet und uns erlaubt, uns selbst und andere mit Augen zu betrachten, in denen sich Frieden und Einssein widerspiegeln.

Wir können die Vergangenheit und die Zukunft loslassen.

Wir erfahren inneren Frieden, wenn wir aufhören, uns an die schmerzhafte Vergangenheit und die angstbesetzte Zukunft zu klammern, und lernen, in der Gegenwart zu leben.

Im Zentrum sind wir davon überzeugt, dass die Erschöpfung, der Zorn und die Depression, die so viele Menschen erleben, daher kommen, dass wir zu sehr auf die Vergangenheit fixiert sind. Wenn wir alten Wunden und unversöhnlichen Gedanken über die Vergangenheit nachhängen, ist es kein Wunder, dass wir uns von der Gegenwart überfordert fühlen. Wir schleppen die Last der Vergangenheit mit uns herum, und das spiegelt sich in unserem Körper und unserer Psyche.

Burnout

Sowohl am Arbeitsplatz als auch zu Hause fühlen allzu viele von uns sich häufig ausgebrannt und erschöpft. Wir neigen dazu, unseren Arbeitsstress oder die Probleme in unserer Familie dafür verantwortlich zu machen, aber in Wahrheit kommen unser Frust und unsere Müdigkeit daher, wie wir über uns selbst und andere urteilen. Diese Urteile haben ihre Wurzel darin, dass wir uns die Vergangenheit nicht verziehen haben, und damit vergiften wir unsere Fähigkeit, unmittelbar zu erfahren, was hier und jetzt geschieht. Es liegt auf der Hand, dass wir damit unsere Fähigkeit zur Entspannung und Lebensfreude beschneiden.

Es ist unser Bewusstsein, nicht unser Körper

Im Zentrum wissen wir, dass Heilung vor allem im Bewusstsein stattfindet. Innere Heilung ist auf das Bewusstsein konzentriert als das »Kontrollzentrum« unseres körperlichen Wohlbefindens, unserer emotionalen Ganzheit und unseres Vermögens, klar wahrzunehmen und sinnvoll zu kommunizieren.

Wie wichtig unsere Einstellung ist, lässt sich anhand einer Erfahrung sehen, die den meisten von uns vertraut ist: Wir kommen nach einem besonders schweren Tag von der Arbeit nach Hause. Unser Körper bewegt sich langsam, unsere Lebensgeister liegen darnieder, und wir können an nichts anderes denken, als dass wir uns schnell zum Essen setzen und dann ins Bett fallen möchten. Plötzlich klingelt das Telefon, ein lieber Freund ist dran, der nur heute Abend in der Stadt ist und mit uns essen gehen möchte. Wir sagen: »Ich treffe dich in einer Stunde.« Wir freuen uns, springen unter die Dusche mit einem Lied auf den Lippen, und plötzlich sind wir voll Energie. Was ist passiert? Der Tag hat sich nicht verändert. Es ist nichts mit unserem Körper geschehen. Doch unsere Einstellung hat sich gewandelt, weil wir nicht mehr der Vergangenheit nachhängen (unserem anstrengenden Tag), sondern uns auf die Gegenwart konzentrieren (uns fertig machen für das Treffen mit unserem Freund). Als wir von der Vergangenheit her reagierten, fühlten wir uns energieleer. Als wir aus der Gegenwart heraus reagierten, waren wir voll Freude und Energie.

Angst vor der Zukunft

Unsere Angst vor der Zukunft kommt aus dem Glauben, dass die Vergangenheit sich in irgendeiner schmerzhaften Weise wiederholen würde. Wenn wir weiter so denken, dass wir von unserer Vergangenheit beschädigt wurden, müssen wir der Zukunft mit Angst entgegensehen, weil wir einen stärkeren Glauben an Zurückweisung und Schmerz als an Liebe und Einheit haben. Mit dieser Einstellung ist es fast unmöglich, glücklich zu sein.

Viele von uns verbringen so viel Zeit damit, über die Vergangenheit nachzugrübeln und sich vor der Zukunft zu fürchten, dass sie überhaupt nicht im Hier und Jetzt leben. Ja, wir stülpen die Vergangenheit über die Gegenwart und beflecken alle unsere Erfahrungen mit alten, unglücklichen Erlebnissen. Wie können wir anders als mit Furcht in die Zukunft blicken, wenn wir eine solche Einstellung haben?

Dies wurde mir auf wunderbare Weise klar, als ich eines Tages auf meiner schon etwas altersschwachen Honda saß. Ich fuhr über eine kleine Unebenheit, und der Rückspiegel brach ab und fiel auf die Erde. Mir kam das eher merkwürdig vor, ich fuhr an den Straßenrand, um mich zu besinnen, was dieser Vorfall zu bedeuten hatte. Einige Minuten später lachte ich, als ich die Antwort hatte.

»Jerry«, fragte meine innere Stimme, »wann wirst du endlich aufhören, nach rückwärts zu schauen, während du durch dein Leben gehst?«

Glücklicherweise habe ich viele Menschen getroffen, die den Entschluss fassten, sich nicht als Opfer der Vergangenheit zu betrachten, und die deshalb die Vergangenheit nicht der Gegenwart überstülpen. Ein gutes Beispiel dafür ist der Mann, der mich von Hollywood nach Costa Mesa, Kalifornien, chauffierte, wo ich einen Vortrag halten sollte.

Während wir unterwegs waren, fing er an zu sprechen, und erzählte mir aus seinem Leben. Er war in Italien geboren, und solange er denken konnte, war er davon besessen gewesen, einen Haufen Geld zu verdienen. Nachdem er in die Vereinigten Staaten gekommen war, hatte er erfolgreich mit Juwelen gehandelt und verdiente tatsächlich eine Menge Geld. Er sagte mir, dass er vor zehn Jahren eine Einkaufsreise nach Europa unternommen habe und mit einem Koffer voll Juwelen im Wert von über zwei Millionen Dollar nach Los Angeles zurückgekehrt sei. Auf dem Internationalen Flughafen musste er durch den Zoll und verstaute danach seine Ware in seinem Auto.

Ungefähr zehn Minuten nachdem er den Flughafen verlassen hatte, platzte ihm plötzlich ein Reifen, und er steuerte an den Straßenrand. Als er den Wagenschlag öffnete, um auszusteigen, stand da ein Mann, der mit einer Pistole auf seinen Kopf zielte und den Koffer verlangte. Der Räuber war ihm offensichtlich gefolgt und hatte ihm eine Kugel in den Reifen geschossen.

Die Polizei hat den Diebstahl nie aufklären können, und die Juwelen blieben verschwunden. Es erübrigt sich zu sagen, dass der Mann sich bittere Vorwürfe machte, dass er so dumm und leichtsinnig gewesen war. Der Diebstahl führte dazu, dass er sein Geschäft verlor. Sein Leben war ruiniert. Er fiel in eine Depression und konnte sich seine Handlungsweise nicht verzeihen.

Etwa ein Jahr nach dem Diebstahl besuchte er seine Mutter in Italien, und sie erinnerte ihn daran, dass die Familie im Zweiten Weltkrieg, als er noch ein Kind war, alles verloren hatte, weil sie Juden waren. Sie betonte, dass die Familie daraus gelernt habe, dass das wirklich Wichtige im Leben nicht das Geld oder die Besitztümer seien, die sie verloren hatten, sondern die Liebe, die sie füreinander empfanden. Diese Liebe konnte ihnen niemand wegnehmen, noch konnten sie sie verlieren, und dies allein hatte sie durch diese finsteren Tage hindurch getragen. Auf seinem Rückflug in die Vereinigten Staaten erkannte er, dass seine Mutter Recht hatte und dass er nur ihre Weisheit brauchte, um sich selbst vergeben zu können und die Vergangenheit loszulassen.

Er fährt schon seit neun Jahren für dasselbe Taxiunternehmen und entdeckte, dass er diese Arbeit liebt. Er begegnet vielen unterschiedlichen Menschen, und manche von ihnen vertrauen sich ihm an, und oft kommt er in die Lage, anderen helfen zu können. Der Lebensstil seiner Familie ist jetzt ein ganz anderer, aber sie sind glücklicher als je zuvor. Sie haben genug Geld, um ihre Bedürfnisse zu befriedigen, und er hat einen neuen Lebenszweck gefunden, der ihm eine Art von Erfüllung brachte, die er früher nie gekannt hat. Er lebt in der Gegenwart und bietet seine Liebe und Hilfe denjenigen an, mit deren Leben er in Berührung kommt. Die Vergangenheit hat keine Bedeutung mehr für ihn, weil er Liebe und Frieden in der Gegenwart gefunden hat.

Bei einer anderen Gelegenheit flogen Diane und ich nach Boston, um auf einer Tagung über Heilung und Lachen zu sprechen. Wir wurden am Flughafen von zwei Clowns abgeholt! Einer von ihnen war ein siebenundsechzigjähriger Mann, der uns seine faszinierende Geschichte erzählte.

Vor anderthalb Jahren hatte er die Ersparnisse seines Lebens an der Börse verloren. Er war erledigt, empfand sein Leben als hoffnungslos und hielt sich für einen völligen Versager. Er zappelte im Treibsand der Vergangenheit, bis ein Freund ihn schließlich überredete, einen Abendkurs mit ihm zu besuchen, in dem sie lernen könnten, Clowns zu werden. Er wollte davon zuerst nichts hören und erklärte sich dann doch bereit, mitzugehen. Als Clown hatte er die Möglichkeit, seine Vergangenheit loszulassen und in der Gegenwart Liebe und Heilung sich selbst und anderen zu geben.

Er erzählte uns, dass er jetzt fast seine gesamte Zeit als Clown damit verbringe, Kinder in Krankenhäusern zu besuchen, und dass sein Leben ihm nun mehr Freude mache, dass es aufregender und erfüllender sei, als er sich je habe träumen lassen.

Dies ist also wieder ein Mensch, der sich bewusst entschieden hat, kein Opfer der Vergangenheit mehr zu sein, und der gelernt hat, in der Gegenwart zu leben.

Eines der größten Geschenke, die wir einander machen können, ist der Entschluss, nicht mehr in der Vergangenheit stecken zu bleiben oder uns vor der Zukunft zu ängstigen. Ein großer Schwerpunkt der Arbeit unseres Zentrums liegt darin, die Vergangenheit aktiv loszulassen durch die bewusste Erkenntnis, dass wir unseren Geist befreien können, indem wir jenen Menschen vergeben, die uns unserer Meinung nach verletzt haben. Dieses frohe Werk erlaubt uns dann, unsere Zukunft in die Hände Gottes zu legen.

11
Warum nicht jetzt?

Nur in der Gegenwart können wir uns zwischen Liebe und Angst entscheiden. Wenn wir uns darüber Sorgen machen, was wir in der Zukunft tun sollen, erreichen wir nichts. Trotzdem ist es so, dass unsere Angewohnheit, die Vergangenheit im Geist immer wieder zu durchleben und das Zukünftige vorwegzunehmen, verschiedene Formen von Schmerz erzeugt. Eine Verlagerung der Gedanken hin zur Gegenwart hilft uns, die Ursache des Elends zu beseitigen.

Der fünfte Grundsatz Inneren Heilens drückt dieses Konzept auf folgende Weise aus:
Es gibt keine andere Zeit als das Jetzt.

Schmerz, Kummer, Depression und andere Formen der Angst verschwinden, wenn das Denken in diesem Augenblick auf Liebe und Frieden ausgerichtet ist.

Dieser Grundsatz deutet auf eine andere Wirklichkeit hin, die nicht auf der linearen Zeit beruht, sondern auf einem Augenblick der Zeitlosigkeit, der ins Unendliche ausgedehnt werden kann. Es ist möglich, jede Sekunde in einer solchen Zeitlosigkeit zu leben und die liebevolle Ruhe zu erfahren, die nur darauf wartet, dass wir den Entschluss fassen, einander im

Jetzt bedingungslose Liebe zu erweisen. In diesem sakralen Augenblick gibt es keine Erwartungen, keine Mutmaßungen und keine Verwirrungen. Wir sind geborgen im Frieden.

Zur Gegenwart zurückfinden

Von der Vergangenheit und der Zukunft sind wir gewöhnlich dann ungeheuer stark besetzt, wenn wir an einer Krankheit oder unter Schmerzen leiden. Wir neigen dazu, all unsere vergangenen Leiden zu betrachten und uns zu fragen, wie lange wir das noch aushalten müssen. Wenn wir krank sind und Schmerzen haben, meinen wir manchmal, dass uns niemand liebt. Ja, wir haben das Gefühl, als würden wir für etwas bestraft oder angegriffen, woran wir vermutlich selbst die Schuld tragen. Als Folge davon verbringen wir vielleicht den Großteil unserer Zeit damit, uns auf den Körper zu konzentrieren, Krankheit und Schmerzen zu messen und darüber nachzugrübeln, was wir wohl angestellt haben, um das zu verdienen. Wir sehen bereits voraus, dass der nächste Augenblick sicherlich so wie der letzte sein wird, und solche Prophezeiungen gehen natürlich meistens in Erfüllung.

Wie ich in diesem Buch schon etliche Male anmerkte, ist es verblüffend, wie schnell Schmerzen verschwinden können, wenn wir unsere Gedanken von uns ablenken und auf liebevolle Weise anderen zuwenden. Diese Fürsorge oder Zuwendung kann auch in unserer Bereitschaft bestehen, sowohl Liebe zu empfangen als auch einem anderen unmittelbare Hilfe zu geben. Die Geschichte von Randy Romero ist dafür ein wunderbares Beispiel. Er war fünfundzwanzig Jahre alt, als er mit Krebs ins Krankenhaus kam. Seine Schmerzen waren schwer unter Kontrolle zu bringen, obwohl er hohe Dosen von Morphium bekam (stündlich über 100 mg). Er war ein sehr aktiver Sportler gewesen und hatte den Kindern in unserem Zentrum in einem Programm geholfen, das ihnen ermöglichte, berühmte Sportler kennen zu lernen.

Kurz bevor er starb, fragte ich Randy: »Welche von allen dir bekannten Sportgrößen möchtest du am liebsten kennen lernen, wenn es möglich wäre?« Er antwortete: »Bernard King.« Randy bewunderte ihn nicht nur wegen seiner glänzenden Leistungen als Sportler, sondern auch, weil er mit einem Drogenproblem fertig geworden war und jetzt anderen Menschen half.

Ich kannte niemanden im Büro der »Golden State Warriors«, aber ich rief trotzdem an und hatte Erfolg. Schon am nächsten Nachmittag um zwei Uhr dreißig kam Bernard King, um Randy zu besuchen. Randy, der bettlägerig war und sich vor Schmerzen nicht bewegen konnte, verwandelte sich in einen jungen Mann, der vor Begeisterung sprühte. Er ließ sich mit Bernard fotografieren, sie unterhielten sich über Drogen und lachten zusammen, als sie Arm in Arm den Korridor entlanggingen. Randy hatte während dieser zweieinhalb Stunden keine Schmerzen, und seine Mutter berichtete mir später, dass er gesagt habe, dieser Tag sei einer der glücklichsten seines Lebens gewesen. Zwei Wochen danach starb er friedlich.

Es gibt so viel, was wir für andere tun können, und eben aus diesem Grund können wir so viel für uns selbst tun. Randy und Bernard empfingen Liebe einfach aus dem Grund, weil sie selbst so viel Liebe gaben. In diesem Prozess verschwinden Angst und Schmerzen. Wenn es wahr ist, dass nur das Jetzt wirklich ist, dann kann uns die Vergangenheit nicht verletzen, auch nicht in Zukunft, wenn wir sie nicht zu einem Teil unserer Gegenwart machen. Das Denken kann immer zur Liebe hingelenkt werden statt zum tristen Wiederkäuen des bereits Abgeschlossenen. Machen wir einen Strich unter die Vergangenheit, und leben wir die Liebe jetzt.

Schuldgefühle sind eine Verweigerung der Gegenwart

Unsere gegenwärtige Erfahrung wird einzig und allein von den gegenwärtigen Entscheidungen unseres Denken bestimmt. Weil diese Aussage unserer üblichen Lebensauffassung so fremd ist, möchte ich sie Ihnen veranschaulichen, diesmal aus meiner eigenen Erfahrung.

Eines Tages musste ich beim Zähneputzen niesen. Ich bekam einen akuten Krampf im Rücken und fiel schreiend vor Schmerzen zu Boden. Ich wurde in eine Klinik eingewiesen, unterzog mich zahlreichen Untersuchungen und erfuhr dann, dass ich ein organisch bedingtes Wirbelsäulensyndrom hatte. Ich kam in einen Streckapparat und erhielt Medikamente. Nach zwei Wochen verließ ich das Krankenhaus und fühlte mich besser, hatte aber noch Schmerzen. Ich glaube, dass ich während der folgenden fünf Jahre nie frei davon war. Mein Arzt riet mir, jede körperliche Betätigung aufzugeben – Tennis, Basketball, Joggen, Skilaufen, Gartenarbeit – all die Aktivitäten, die ich liebte.

Im Laufe der Jahre trat immer deutlicher hervor, dass mein

Leiden chronisch war. Ich würde lernen müssen, mit meinem Gebrechen zu leben. Eine Operation könnte vielleicht Hilfe bringen, aber eine Gewähr gab es nicht.

Später merkte ich, dass mein Rücken ein Barometer für den geringsten emotionalen Stress zu sein schien. Aber ich redete mir ein, dass meine Reaktion auf Stress nicht die grundlegende Ursache der Schmerzen war, weil ich ein Röntgenbild besaß, auf dem zu sehen war, dass mein Leiden eine organische Ursache hatte. Einmal wurde mein Rücken so schlimm, dass ich wieder in die Klinik musste. Der Neurochirurg empfahl dringend eine Operation. Ja, er sagte sogar, dass ohne sie meine Schmerzen nie vergehen würden. Als ich mit dieser Entscheidung konfrontiert war, erkannte ich plötzlich die Wahrheit, die immer dagewesen war.

Ich erkannte, dass hinter meinen Rückenschmerzen ein Komplex von Gedanken stand, zu dem Zorn, Ressentiment, Angst und Schuldgefühle zählten, alle meine persönlichen Bindungen an die Vergangenheit. Diese Gefühle schienen durch lang anstehende Konflikte in meiner Ehe verursacht zu sein. Ich erkannte, dass ich auf meine Frau böse war, weil sie mir das nicht gab, was ich meiner Meinung nach brauchte, und dass sie meine Bedürfnisse nicht erfüllte. Und trotzdem fühlte ich mich schuldig, weil ich mit solchem Zorn an sie dachte, und ich meinte, dass ich Strafe dafür verdiente. Die Rückenschmerzen gaben mir auch einen Grund, mehr zu trinken, wenn die Medikamente nicht wirkten. Ich beschloss, dass ich versuchen wollte, die Ursache der Schmerzen auf andere Weise zu beheben, als mich einer Operation zu unterziehen.

Ich will damit nicht sagen, dass eine Operation richtig oder falsch ist. Meine Entscheidung, zu diesem Zeitpunkt auf sie zu verzichten, war einfach das, was ich persönlich brauchte, um mein Denken umzukrempeln. Der Körper, für sich genommen, ist nicht das Entscheidende. Deshalb müssen wir alles tun, was uns die Möglichkeit gibt, uns von unserer Fixierung auf den Körper zu lösen und zum Frieden zurückzukehren. Unser Ziel des inneren Friedens und der Liebe in diesem Augenblick wird uns anweisen, wie wir in diesem Augenblick für unseren Körper sorgen sollen. Wir tun einfach das, was das Ziel, unser inneres Glück zu erhalten und zu vertiefen, uns diktiert. Ein solches Vorgehen ist viel besser, als unbeugsame Entschlüsse für die Zukunft zu fassen, denn dann sind wir versucht, uns an unsere früheren Entscheidungen und Ängste zu halten statt an unser gegenwärtiges Bewusstsein des Friedens.

Das Resultat meiner neuen Erkenntnisse und meiner entschlossenen Suche war, dass mein Rückenleiden sich zwar besserte, aber nicht wegging. Nach meiner Scheidung merkte ich, dass auch der Stress anderer Situationen oder Beziehungen sich auf meinen Körper verlagerte. An einem Wochenende, Jahre später, musste ich wegen eines akuten Anfalls fast ins Krankenhaus. Er war ein klassisches Beispiel dafür, wie Schuldgefühle sich in dem anfälligsten Teil unseres Körpers manifestieren.

Ich nahm an einer Tagung in Virginia teil, bei der ich eine sehr attraktive und intelligente Frau kennen lernte. Wir wurden schnell intim. Es war, als ob zwei verirrte Seelen sich gefunden hätten. Aber es stellte sich heraus, dass meine neue Freundin verheiratet war, und ich empfand sehr bald ungeheure Schuldgefühle.

Nach der Tagung lud sie mich ein, das nächste Mal, wenn ich nach New York käme, mit ihr und ihrem Mann essen zu gehen. In Anbetracht meiner sich steigernden Schuldgefühle hatte ich nicht die geringste Lust, ihren Mann kennen zu lernen. Aber ein anderer Teil von mir sehnte sich danach, noch einmal mit ihr zusammen zu sein, und so änderte ich meine ursprünglichen Pläne und flog nach New York. Als ich meinen Koffer am Kennedy-Flughafen in die Hand nahm, durchzuckte ein akuter Schmerz meinen Rücken, und ich brach zusammen. Es gelang mir, mich in die Flughafenbar zu schleppen, wo ich reichlich viele Drinks kippte. Später nahm ich mir ein Taxi und fuhr in mein Hotel. Ich hatte weiterhin starke Krämpfe im Rücken und kehrte am nächsten Tag mit heftigen Schmerzen nach San Francisco zurück. Es dauerte einen ganzen Monat, bis ich frei von Schmerzen war.

Nachdem ich den *Kurs in Wundern®* kennen gelernt hatte, begann ich zu begreifen, wie sehr ich mich an Schuldgefühle klammerte. Mir wurde bewusst, dass diese Verhaftung die Ursache dafür war, dass ich Angst vor der Liebe hatte, was dasselbe ist wie Angst vor der Gegenwart. Viele von Ihnen denken sich vielleicht, dass ich mich schuldig fühlen sollte, weil ich mit einer verheirateten Frau ein Verhältnis hatte. Aber Schuldgefühle können unser Verhalten in der Vergangenheit nicht ändern, noch veranlassen sie uns, liebevoller mit anderen Menschen umzugehen.

Als ich lernte, Schuldgefühle und Ängste loszulassen, entdeckte ich ein neues Wohlgefühl. Ich beschloss, dass ich mich nach Möglichkeit nie mehr von meinem Urteil über die Vergangenheit und meinen Ängsten vor der Zukunft einschränken lassen würde. Aber ich sah ein, dass ich das allein nicht schaffen konnte. Für diesen radikalen Bruch mit meiner gewohnheitsmäßigen Denkweise musste ich Gottes Hilfe erbitten.

Ich bin jetzt wieder sportlich aktiv, obwohl man mir gesagt hatte, dass ich dazu nie mehr in der Lage sein würde. Ich möchte aber darauf hinweisen, dass ich die genannten spirituellen Grundsätze nicht konsequent praktiziere. Oft erliege ich der Versuchung, zu urteilen und ängstliche Entscheidungen für die Zukunft zu treffen. Wenn ich das tue und innerlich nicht in Harmonie bin, spüre ich manchmal, wie mein Rücken sich verkrampft. Dann untersuche ich, ob hinter dem Schmerz nicht eine mangelnde Bereitschaft steht, zu vergeben. Ich werde innerlich ruhig und sage mir, dass ich mir nichts mehr wünsche als den Frieden Gottes. Ich bitte meinen inneren Lehrer, mir zu helfen, und danke dafür, dass ich mit allen in Liebe verbunden bin. Dann erlebe ich oft, dass meine Rückenschmerzen verschwinden, aber noch wichtiger ist, dass ich die liebende, ständige Gegenwart Gottes wieder spüre.

»Jetzt« ist ein anderes Wort für Liebe

Vielleicht ist es nützlich, den Gedankenablauf hinter den Episoden meiner Rückenschmerzen ein wenig näher zu betrachten. Rückenschmerzen an sich sind in unserer Gesellschaft sehr verbreitet, und dennoch werden alle physischen Schmerzen auf sehr ähnliche Weise hervorgerufen, und ebenso ist auch das Heilmittel im Grunde dasselbe.

Der fünfte Grundsatz Inneren Heilens verbindet Freiheit von Schmerzen mit dem Bewusstsein der Gegenwart. Gewiss denkt jeder, dass er sich der Gegenwart bewusst sei, und es stimmt, dass die meisten von uns die Gegenstände sehen und die Töne hören, die uns umgeben. Beachten Sie jedoch, dass der fünfte Grundsatz besagt: *Angst verschwindet nur, wenn das Denken in*

Liebe auf diesen Augenblick ausgerichtet ist. Wenn wir die Menschen um uns nur als Mittel benutzen, die Vergangenheit zurückzurufen, können wir kaum behaupten, dass wir ihnen oder der Gegenwart unsere liebende Aufmerksamkeit zuwenden.

Es war ein kleiner Schritt vorwärts, als ich meine Rückenschmerzen mit meinem Zorn auf meine erste Frau in Zusammenhang brachte, und nicht einfach mit einer abgenützten Bandscheibe, aber es war ein Fehler, dass ich meinen gegenwärtigen Zorn auf den jahrelangen Konflikt in unserer Ehe schob. Schuldgefühle erzeugen Projektionen, und Projektionen sind einfach eine Art, die Zuweisung von Schuld zu verlagern, anstatt sie loszulassen. Und weil Projektionen eine Form des Angriffs sind, fühlen wir uns deshalb umso mehr schuldig und fahren fort, uns irgendwie zu bestrafen.

Wenn wir die Menschen so sehen, wie sie jetzt sind, dann sind wir im Begriff, Vergebung zu üben. Wenn wir sie aber nur ansehen, um uns ihre vergangenen Fehler in Erinnerung zu rufen, dann werden sie zu einem Mittel, uns selbst zu verletzen. Unsere neue Praxis sollte darin bestehen, dass wir unsere Betrachtungsweise von allen Assoziationen mit der Vergangenheit reinigen. Anders ausgedrückt: Wir müssen alles, was wir sehen, ständig von negativen und einschränkenden Erinnerungen befreien. Dem Kreislauf von Schuldgefühlen, dem Verantwortlichmachen anderer, dem Zorn über die Schuld, die wir ihnen zuweisen, unserem Angriff auf sie aus diesem Grund, und schließlich der Bestrafung unseres Körpers als Sühne können wir nicht entrinnen, solange wir Schuld für eine gültige Beschreibung von irgendetwas halten. Wir müssen uns für Unschuld entscheiden, wenn wir jemals geistigen und körperlichen Frieden haben wollen.

Die Unschuld eines anderen ist nicht in seinem Verhalten

in der Vergangenheit zu finden. Es mag sogar schwierig sein, sie in seinem gegenwärtigen Verhalten zu erkennen. Aber wir können diese Unschuld in dem Frieden finden, der in *uns* ist. Man findet sie jenseits der Persönlichkeit, jenseits des körperlichen Verhaltens und jenseits unserer geistigen Assoziationen. Sie ist wie ein Licht, das in unserem Herzen und im Herzen der anderen Person scheint, und wenn wir sie einmal erblickt haben, wird sie viel wirklicher für uns sein als die Schuld des anderen, weil sie tatsächlich wirklicher *ist.* Die Suche nach dieser Unschuld auf uns zu nehmen ist im Grunde alles, was wir tun müssen, um uns Schritt für Schritt von Schmerz, Kummer, Depression, Schuldgefühlen und anderen Formen der Angst zu befreien.

Vor einigen Monaten wurde ich gebeten, eine Frau von Ende Fünfzig zu besuchen, die einen Gehirntumor hatte. Als ich in ihr Haus kam, unterhielt ich mich zuerst einige Zeit mit ihrem Mann Ed. Er sagte mir, dass seine Familie bisher das Glück gehabt hatte, dass keiner vorher je ernsthaft krank gewesen war. Daher war es ein ziemlicher Schock, als vor einem Jahr bei seiner Frau Krebs festgestellt wurde. Sie war operiert worden, aber der Tumor war nicht mehr zu beseitigen. Trotz Chemotherapie und Behandlung mit Röntgenstrahlen fiel die Prognose eher ungünstig aus.

Ed erzählte, dass er aus einer armen, kinderreichen Familie stammte. Als er sieben Jahre alt war, gab es nicht genug zu essen für alle, und er schwor sich, dass seiner Familie, wenn er einmal groß war, so etwas nie passieren sollte. Als junger Mann fing er ein Geschäft an, arbeitete jeden Tag lange und war selten zu Hause. Seine Frau hatte ihre beiden Kinder weitgehend allein aufgezogen. Er erwarb sich ein Vermögen; sein Sohn trat in sein Geschäft ein, und das Leben schien es gut mit ihm zu meinen, bis seine Frau erkrankte. Als das geschah, fasste er zum ersten Mal in seiner Ehe den Entschluss, mehr Zeit zu Hause zu verbringen.

Eines Tages sagte der Gärtner zu ihm: »Einer der Rosenstöcke im Garten sieht abgestorben aus. Soll ich ihn herausreißen und einen neuen pflanzen?« Er dachte einen Augenblick nach und antwortete dann, dass er ihn sich ansehen wolle. Als er den Stock betrachtete, kam ihm zu Bewusstsein, dass er einen der schönsten Rosengärten der Stadt besaß, doch er hatte sich in den letzten zwanzig Jahren nie die Zeit genommen, ihn zu genießen. »Reißen Sie ihn nicht heraus. Er lebt ja noch, und ich will ihn selbst pflegen«, sagte er. Täglich ging er in den Garten, um den Rosenstock liebevoll zu betreuen, ihn zu nähren und zu begießen, bis er sich wieder erholte. Nach mehreren Wochen trieb er eine schöne Rosenblüte. Ed brach sie ab und brachte sie seiner Frau, die »Rose« hieß.

Weil Ed auf die Krankheit seiner Frau eingegangen war, sah er jetzt ein, wie sehr er das Leben hatte an sich vorübergehen lassen. Er war so damit beschäftigt gewesen, mehr Geld für die Zukunft anzuhäufen, dass er es versäumt hatte, in der Gegenwart zu leben.

Nachdem ich diese erstaunliche Geschichte gehört hatte, besuchte ich Rose. Ich fragte sie, was in ihrem Leben vorgegangen war, bevor sie den Krebs bekommen hatte. Hatte sie unter irgendeinem Stress gestanden, bevor er ausbrach? Sie verneinte. Sie, ihr Mann und ihre Kinder seien vollkommen glücklich gewesen. Doch einige Minuten später traten ihr die Tränen in die Augen, und sie machte mir eine wichtige Mitteilung. Als ihr Mann vor fünfundzwanzig Jahren sein Geschäft gründete, wurde ihr Bruder sein Partner. Im folgenden Jahr erwarb Ed die Geschäftsanteile ihres Bruders, aber dieser war der Meinung, dass er bei dem geschäftlichen Abkommen nicht genug erhalten habe, und hatte seither weder mit Ed noch mit ihr je wieder ein Wort gesprochen.

Rose sagte, dass sie sowohl ihren Bruder als auch ihren Mann liebte, aber loyal zu ihrem Mann sein wollte. In den Jahren, die dazwischenlagen, nagte ein Schuldgefühl an ihr, dass sie den Konflikt bereinigen sollte. Die Situation deprimierte sie, aber sie hatte bis jetzt nie darüber gesprochen. Ich erklärte ihr, wie wichtig es für sie war, den Konflikt zu bereinigen. Ansonsten könnte sie vielleicht nie wieder mit gutem Gefühl glücklich sein, weil sie wusste, dass sie immer noch einer Lebenssituation gegenüberstand, die ihr schmerzlich war. Wir sprachen über Vergebung, nicht nur zwischen ihrem Bruder und ihrem Mann, sondern auch ihr selbst gegenüber. Sie erteilte mir die Erlaubnis, Ed hereinzurufen und mit beiden darüber zu sprechen.

Ed vermochte kaum zu glauben, dass seine Frau, die er so gut kannte, diese Angelegenheit trotz des inneren Konflikts, in den sie dadurch geraten war, all die Jahre vor ihm verborgen hatte. Er ging sofort ans Telefon, um Roses Bruder anzurufen und ihn um Verzeihung zu bitten. Am nächsten Tag fand eine Versöhnung statt.

So lebte auch Rose, wie Ed, nicht in der Gegenwart, obwohl die Art, in der sie der Gegenwart aus dem Weg gingen, unterschiedliche Formen angenommen hatte. Ihre gemeinsame Erkenntnis der Schönheit und Harmonie, die im lebendigen Augenblick immer enthalten sind, brachte ihre Beziehung zueinander zum Blühen, und während der restlichen Monate, die Rose noch lebte, waren beide unermesslich glücklicher.

Es braucht nichts, um im Hier und Jetzt zu leben

Friedlich und glücklich in der Gegenwart zu leben ist so einfach, dass wir, wenn wir das einmal erkannt haben, kaum glauben können, was wir uns früher alles angetan haben. Wie leicht ist es, Vergangenheit und Zukunft zu vergessen und zufrieden im Jetzt zu sein. Was machen wir nur, dass uns das so schwer fällt? Im Folgenden nenne ich drei Wege, wie wir gewöhnlich unser Leben mit unnötigen Komplikationen belasten, zusammen mit drei Vorschlägen, wie wir zu Einfachheit und Frieden zurückkehren können:

1. *Wenn wir Angst vor der Welt haben, zögern wir, irgendetwas zu tun, ohne alle Folgen zu bedenken.* Und da es unmöglich ist, auch nur einen Stuhl von der Stelle zu rücken, ohne dass dies irgendwelche Konsequenzen hat, sind sogar die kleinsten Ereignisse des täglichen Lebens von Angst begleitet. Es ist doch leicht zu erkennen, dass wir nicht in der Lage sind, das Resultat von irgendetwas vorauszusehen, und dass alle Sorgen der Welt uns keine Kontrolle über die Zukunft verschaffen. Wie leicht ist es einzusehen, dass wir nur im Jetzt glücklich sein können und dass es niemals eine Zeit geben wird, die nicht jetzt ist. Wir komplizieren unser Leben endlos, wenn wir uns auf Resultate konzentrieren. Wir haben nur unsere Anstrengung unter Kontrolle. Der Erfolg besteht darin, wie wir etwas tun, und nicht darin, wie wir oder andere Leute die Wirkung beurteilen. Wenn wir nur die Hälfte der Zeit, die wir darauf verwenden, uns über die Auswirkungen Sorgen zu machen, stattdessen für unmittelbares Tun einsetzten, dann bliebe nichts Wichtiges ungetan.

Einfachheit liegt darin, Anstrengung höher zu stellen als Resultate.

2. *Wenn ein kleines Kind gehen lernt, hält es nie inne, um zu überlegen, warum es gerade hingefallen ist.* Mit jedem Sturz korrigiert es sich automatisch. Das Kind weiß instinktiv, dass es dabei ist zu lernen, und es versucht nie, sich etwas beizubringen, was es nicht versteht. Erwachsene dagegen verbringen einen erheblichen Teil ihres Lebens damit, jeden Fehler wiederzukäuen in einem vergeblichen Versuch, etwas zu kategorisieren, was ja innerlich schon assimiliert ist. Wie leicht ist es, sich von dieser Art des Selbstunterrichts loszusagen. Wie leicht kann es sein, sich schnell von der Vergangenheit abzuwenden, weil unser Leben in der Gegenwart stattfindet.

3. *Wir brauchen nur zu lernen, auf das Jetzt zu reagieren, aber das tun wir nicht, wenn wir irgendeinen Aspekt des gegenwärtigen Augenblicks beurteilen.* Das Ego hält Ausschau nach etwas, das es kritisieren kann. Dies zieht jedoch immer einen Vergleich mit der Vergangenheit nach sich. Die Liebe dagegen betrachtet die Welt friedlich und nimmt sie an. Das Ego sucht nach Mängeln und Schwächen. Die Liebe hält Ausschau nach einem Zeichen des Lichts und der Stärke. Sie sieht, wie weit jeder gekommen ist, und nicht, wie weit er noch zu gehen hat. Wie leicht ist es, zu lieben, und wie mühsam, immer etwas auszusetzen – denn jedes Mal, wenn wir einen Mangel entdecken, meinen wir, man müsse ihn beheben. Die Liebe weiß, dass niemals etwas vonnöten ist als noch mehr Liebe.

12

Vergebung hat keine Grenze

Vergebung ist das Mittel, das uns Frieden erfahren lässt, durch das wir erkennen, dass wir Liebe sind, durch das wir geben können, ohne uns zu opfern, durch das wir uns mit dem Wesen eines anderen Menschen verbinden, den gegenwärtigen Augenblick voll erleben und deutlich die innere Weisung zum Glück vernehmen. Vergebung ist der Weg zum Verständnis und zur Anwendung aller Regeln des Inneren Heilem.

Der sechste Grundsatz lautet:
Wir können lernen, uns und andere zu lieben, indem wir vergeben, statt zu urteilen.

Vergebung ist der Weg zu wahrer Gesundheit und echtem Glück. Wenn wir in jedem Menschen bewusst einen Lehrer der Vergebung sehen, hält jeder Augenblick Glück, Frieden und Liebe für uns bereit.

Vergebung erlaubt uns, die Vergangenheit loszulassen und uns von unseren Zukunftsängsten zu befreien. Indem wir dies tun, erfahren wir die Wahrheit, dass jeder Mensch unser Lehrer ist und dass jede Situation neu und daher voller Möglichkeiten ist. Weil wir dazu neigen, unseren Zorn auf andere zu projizieren, hat die Vergebung anderer eine sofortige Rückwirkung auf uns, so dass wir uns selbst vergeben können.

Dies ist die Erfahrung von Einheit, weil wir daran erinnert werden, dass unser Wesen Liebe ist.

Unser Ego ist ständig dabei, zu urteilen – entweder es verurteilt andere oder es attackiert uns selbst. Leider sind viele von uns davon überzeugt, dass manche Menschen unverzeihliche Handlungen begehen und dass unsere Sicherheit verlangt, denjenigen, von denen wir meinen, dass sie uns verletzt haben, niemals zu verzeihen und sie nie zu vergessen. Diese Überzeugung ist nur dazu angetan, unseren Seelenfrieden und oft auch unsere Gesundheit zu zerstören.

Was ist Vergebung?

In diesem Buch verwende ich das Wort *Vergebung* nicht so, wie es gewöhnlich gebraucht wird. Hier bedeutet es nicht, dass wir unseren Zorn verdrängen oder so tun, als sei alles in Ordnung, während wir in Wirklichkeit gar nicht so denken. Es bedeutet natürlich auch nicht, dass wir unseren Zorn ausagieren. Und vor allem bedeutet es nicht, dass wir uns anmaßen, Sünden zu vergeben, die wir für solche halten.

Vergeben heißt nicht, dass wir unseren Exehepartner wieder heiraten müssen, Strafgefangene aus dem Gefängnis entlassen, zu unserem alten Job zurückkehren oder irgendetwas Äußeres tun müssen. Das Ego meint, es müsse, wenn es dem vergeben hat, der es verletzte, diese Vergebung in irgendein Verhalten übersetzen. Aber wahre Vergebung erfordert keine körperliche Handlung, obwohl sie von einer Geste begleitet sein kann. Vergebung ist eine innere Korrektur, die das Herz erleichtert und dazu befreit, dass wir in der Gegenwart leben können. Sie ist in erster Linie für den Frieden unseres Gemüts da. Wenn wir im Frieden sind, können wir anderen Frieden geben, und das ist das dauerhafteste und kostbarste Geschenk, das wir überhaupt machen können.

Die Wurzelbedeutung des Verbums *vergeben* ist »loslassen«. Vergebung ist ein Loslassen einer unnützen Denkweise, ein Zurückgeben dessen, was man als nicht wünschenswert erkannt hat, an das Ego. Vergebung ist die sanfte Weigerung, uns noch länger gegen die Liebe zu wehren. Sie erkennt, dass alle Dinge vergeben werden können. Sie ist eine Bereitschaft, jeden Menschen, uns selbst eingeschlossen, so zu sehen, dass er entweder Liebe ausdrückt oder Liebe braucht. Jede Form des Angriffs ist ein Hilferuf, und die Antwort auf jeden Hilferuf ist Güte.

Vergebung, wie jede andere in diesem Buch erwähnte spirituelle Eigenschaft – Frieden, Liebe, Ebenbürtigkeit, Schuldlosigkeit, Furchtlosigkeit, Stille, Freude –, bedingt keine spezifische Verhaltensweise. *Im Frieden sein* bedeutet zum Beispiel nicht, dass wir uns »zurücknehmen« müssen; *liebevoll* zu sein bedeutet nicht, dass wir uns eine bestimmte Manier und einen besonderen Ton zulegen müssen; unsere spirituelle *Ebenbürtigkeit* mit anderen zu erkennen bedeutet nicht, dass wir uns zu der Stufe ihres Egos herablassen sollen; unsere eigene *Schuldlosigkeit* zu sehen heißt nicht, dass wir fortfahren, unsere vergangenen Fehler zu machen; *furchtlos* zu sein heißt nicht, dass wir uns oder andere in Gefahr bringen; um geistige *Stille* zu üben, brauchen wir diese Welt nicht zu fliehen; und um *glücklich* zu sein, brauchen wir nicht auf ängstliche Weise unser Ego aufzuplustern.

Ebenso wenig bedeutet das Praktizieren von Vergebung,

dass wir allen Leuten sagen müssen, wir verzeihen ihnen, oder dass wir so tun, als seien wir besser als sie. Bei dieser Art des Heilens kann der Wandel unserer Einstellung zwar zu bestimmten Veränderungen in unserer Handlungsweise führen, aber meistens erkennen wir diese erst im Rückblick, und wir machen die Veränderung unseres Verhaltens nie zur Hauptsache.

Dies scheint einer früheren Äußerung von mir zu widersprechen, nämlich dass wir nach dem Innehalten in Frieden mit Zuversicht handeln sollen. Aber wenn ich sage, dass wir alles, was wir tun, mit Zuversicht tun sollen, gebe ich damit nicht an, welche Handlung wir zuversichtlich ausführen sollen. Es ist auch besser, aus der Liebe und dem Frieden heraus zu handeln, doch ist dies auf jede Tätigkeit anzuwenden. Jede Entscheidung, die im Geist wahrer Vergebung getroffen und durchgeführt wird, wird zum Segen für jeden, den sie berührt, und wird niemanden verletzen.

Mutter Teresa war für mich immer eine Quelle der Inspiration. Bei mehr als einer Gelegenheit waren ihre Worte und ihr Beispiel eine sanfte und notwendige Korrektur für mich, und einmal erteilte sie mir, ohne es zu wissen, eine wichtige Lektion. Die Stellung, die sie während der Konferenz der Internationalen Transpersonalen Gesellschaft in Indien bezog, war ein klares, liebevolles Beispiel wahrer Vergebung: Das allgemeine Thema der Tagung war der Weltfrieden, und einer von den Sprechern ließ eine Erklärung gegen den nuklearen Rüstungswettlauf zirkulieren und forderte die geladenen Referenten auf, sie zu unterzeichnen. Ich erklärte mich bereit, ebenso wie eine Reihe anderer Sprecher. Doch als Mutter Teresa um ihre Unterschrift gebeten wurde, betete sie und sagte, dass sie dazu nicht in der Lage sei. »Wenn ich unterschreiben würde«, sagte sie, »würde ich manche Menschen lieben und andere nicht, weil ich in einer Kontroverse Partei ergreifen würde.«

Wahre Vergebung beruht auf Wirklichkeit. Sie sieht über das Beweismaterial, das vom Standpunkt eines einzelnen Körpers erbracht wird, hinaus und wendet sich stattdessen an die universelle Wahrheit. Die Wahrheit unserer Wirklichkeit besagt, dass jeder von uns ohne Schuld ist und vollkommen von Gott geliebt wird. Das heißt freilich nicht, dass wir nicht unzählige Fehler begangen haben und wahrscheinlich noch eine Zeit lang begehen werden. Aber wahre Vergebung unterscheidet zwischen dem tiefen Drang des Herzens und den oberflächlicheren Wünschen des Ego. Alle Fehler kommen aus dem Ego und sind ein Teil des Lernprozesses, den jeder durchmachen muss. Vergebung ist ein gütiges In-den-Blick-Fassen, das die Reife, die Güte des Herzens und die Ganzheit des Charakters sieht, die jedem Menschen mit der Zeit zuteil werden. Und sie erkennt, wie fehl am Platz es in diesem Wachstumsprozess ist, einen Menschen zu verurteilen.

Intoleranz ist die Unfähigkeit zu sehen

Wir müssen nicht nur Menschen vergeben. Man kann auch etwas auf dem Herzen haben gegen Städte, bestimmte Tiere, eine besondere Jahreszeit, Nahrungsmittel, Kleidungsstile – ja, alles, was die Augen des Körpers sehen, kann zu einer Quelle des Unglücks und sogar der Schmerzen werden, wenn wir intolerant sind. Als Sharon Winter das erste Mal ins Zentrum kam, war sie siebzehn Jahre alt. Wie viele Kinder hatte sie die Ernsthaftigkeit ihres Zustands gespürt, bevor ihr Arzt die Diagnose stellte. Ihre Meinung war nicht ernst genommen worden, und Sharon blieb ein Jahr lang ohne Behandlung, bis weitere Untersuchungen angeordnet wurden und eine krebsartige Erkrankung, ein Lymphsarkom, festgestellt wurde. Aus diesem und verschiedenen anderen Gründen war sie wütend auf das medizinische Establishment, als sie ins Zentrum kam, und misstrauisch gegen uns.

Als sie uns zum ersten Mal aufsuchte, hatten wir gerade eine Gruppe von Kindern ab fünf Jahren. Sharon dachte zwar nicht, dass sie von kleinen Kindern etwas lernen konnte, aber sie war in der ersten Sitzung überrascht, als sie sah, wie glücklich alle waren. Sie hatte den Verdacht, dass auch das nur »gestellt« war. Am meisten erstaunte sie jedoch, dass ein achtjähriges Mädchen namens Andrea, das Leukämie hatte, ihr helfen konnte, mit ihrer Angst vor einer bevorstehenden Knochenmarkpunktion fertig zu werden. Andrea sagte ihr, sie solle an etwas ganz anderes denken und sich vorstellen, dass sie am Strand von Hawaii in der Sonne badete. Sie fügte hinzu: »Du musst es dir so vorstellen, dass du es hundertprozentig glaubst.« Sharon befolgte später genau die Anweisungen ihrer kleinen Lehrerin, und zu ihrer Verblüffung waren ihre Angst und ihr Schmerz minimal.

Geistige Bilder

Bevor ich mit Sharons Geschichte fortfahre, möchte ich noch etwas mehr darüber sagen, wie solche Vorstellungsbilder funktionieren, weil vielleicht mancher den oben genannten Absatz liest und Andreas Worte für so kindisch und übermäßig simpel hält, dass Erwachsene praktisch nichts damit anfangen können. Leider stimmt das auch oft, und nicht deshalb, weil solche Imaginationsspiele unwirksam sind, sondern weil die meisten Erwachsenen sich auf ein so einfaches und direktes Verfahren nicht einlassen wollen.

Alles, was sich begrifflich fassen lässt, kann in der Vorstellung ausagiert werden. Vergebung ist zum Beispiel die Ausübung unserer Fähigkeit, zu vergessen. Wir vergessen es, weil es sich nicht lohnt, darüber nachzudenken. Wir vergessen es, weil es uns schwach und niedergeschlagen macht, uns weiterhin daran zu erinnern. Ein Vorstellungsbild, wie ich es in meinem Buch *Liebe heißt, die Angst verlieren* vorgeschlagen habe, nämlich dass wir einen Mülleimer mit all unseren Problemen füllen, einen Luftballon dranbinden und zusehen, wie er unserer Sicht entschwebt, kann dem Geist die Möglichkeit geben, sich ein wenig länger zu konzentrieren und dadurch etwas tiefer zu gehen. Ein einfaches Bild – zum Beispiel die Vorstellung, dass Gottes Licht auf einen Schmerz oder ein Ereignis herabstrahlt, während man zusieht, wie es die Schmerzen einhüllt und auflöst, bis nichts mehr übrig ist als Sein Licht – kann den Geist von Leiden befreien. Die Kraft liegt nicht in dem jeweils besonderen Bild, das wir anwenden, sondern in unserer Bereitschaft, jetzt etwas zu tun, um unseren Frieden zurückzugewinnen.

Im Laufe der Monate erlebte Sharon eine Besserung, bekam ihre Haare wieder und setzte die Schule fort, und schließlich verliebte sie sich in einen prächtigen jungen Mann, den sie später heiratete. Doch als wir dachten, dass alles so gut mir ihr ging, erlitt sie im Alter von einundzwanzig Jahren einen

Rückfall ihrer Krankheit. Ihr Glaube an ihren Arzt, an die Welt und an Gott war schwer erschüttert. Ihre ganze alte Wut auf die Medizin und ihre Vertreter kehrte wieder, als sie mit vielen Untersuchungen, einer neuerlichen Chemotherapie, dem Verlust ihrer Haare und vor allem der Ungewissheit des Erfolgs konfrontiert war.

Schließlich erklärte sie sich bereit, in das von ihr so gehasste Krankenhaus zurückzukehren und die Behandlung wieder aufzunehmen. An dem Tag, an dem sie entlassen werden sollte, freute sie sich schon darauf, nach Hause zu kommen. Doch an diesem Morgen wurde ein fünfzehnjähriges Mädchen eingeliefert und in das Bett neben Sharon gelegt. Die Geschichte dieses Mädchens war erschütternd. Ihre Eltern hatten sie verlassen, und sie fand mal da, mal dort bei Freunden Unterschlupf. Obwohl sie an der hodgkinschen Krankheit (Lymphknotenkrebs) litt, hatte sie eine entsetzliche Angst vor den Nachwirkungen der Chemotherapie und sich noch nicht entschließen können, ob sie im Krankenhaus bleiben oder weggehen sollte. Obwohl Sharon sich so auf ihre Entlassung gefreut hatte, nachdem ihre Behandlung beendet war, beschloss sie, noch einen weiteren Tag im Bett zu bleiben, als ob nichts geschehen wäre, nur um dieser neuen jungen Freundin zu helfen. Als ihr Arzt bemerkte, dass sie nicht entlassen war, kam er in ihr Zimmer und fragte, was denn los sei. Als sie ihm die Geschichte erzählte, sah sie zum ersten Mal, dass ihrem Arzt Tränen in die Augen traten.

Intoleranz, auch gegen Institutionen wie Krankenhäuser, Polizeistationen, Schulverwaltungen und Regierungsbüros, ist die Unfähigkeit, über Erscheinungen hinauszusehen. Sie ist ein in der Vergangenheit wurzelndes Denken, das der Gegenwart übergestülpt wird und normalerweise sehr wenig mit dem Geschehen in diesem Augenblick zu tun hat. Sharons Anteilnahme an dem jungen Mädchen ermöglichte ihr, die Situation klar zu erkennen, von ihren eigenen Bedürfnissen abzusehen und aus der Liebe heraus zu handeln.

Vergebung ist ein ruhiges Sehen

Intoleranz braucht, wie alle lieblosen Gefühle – Angst, Ungeduld, Eifersucht, Zorn, Depression usw. –, nicht bekämpft zu werden, ja, man braucht sich nicht einmal gegen sie zu wehren. Innere Heilung hat nicht den Zweck, aus der Psyche ein Schlachtfeld zu machen. Wenn wir uns noch etwas aufbürden, was wir mit Widerwillen tun – die Pflicht zur Vergebung –, haben wir völlig missverstanden, dass Vergebung unser Tor zum Glück ist.

Negative Gefühle lösen sich auf, wenn man sie ruhig und ehrlich betrachtet. Das ist ein Prozess, der sich manchmal stufenweise vollzieht. Wir brauchen nichts weiter zu tun, als einen sanften *Versuch* des Vergebens zu machen, wenn wir uns dazu bereit fühlen. Wenn wir einmal erfahren haben, welchen Segen dies unserer Psyche bringt, verwandelt sich diese Mühe in Freude. Jede Emotion oder jeder Gedanke, der Ihnen Kummer macht, wird Ihr Gemüt allmählich loslassen, wenn Sie ihn ruhig untersuchen.

Hinter jedem negativen Gefühl steht eine Forderung des Ego. Fürchten Sie sich nicht zu hören, was es von Ihnen will, denn wenn Sie klar erkennen, was von Ihnen verlangt wird, dann werden Sie auch sehen, dass Sie das nicht tun wollen.

Es ist gut, sich anzugewöhnen, immer dann innezuhalten, wenn es einem schwer fällt, von einer Aufregung innerlich loszukommen und seine Gedanken direkt und in allen Details anzusehen. Nur wenn Sie Ihren aggressiven Gedanken ängstlich aus dem Wege gehen, werden sie eine scheinbare Macht über Sie haben. Nichts Negatives kann das Licht des Friedens verdunkeln. Aber machen Sie nicht den Fehler, sich in einer Analyse Ihrer Gedankeninhalte zu verstricken. Es wäre zum Beispiel eine Zeitverschwendung und würde Sie vermutlich deprimieren, sich zu fragen, seit wann Sie dieses Gefühl haben, wie lange es schon andauert, warum Sie immer denselben Fehler machen und welche Regel Sie aufstellen sollen, um dieses Gefühl in Zukunft zu vermeiden.

Betrachten Sie stattdessen ruhig Ihre unversöhnlichen Gedanken, in welcher Form sie auch erscheinen mögen, und hören Sie sie an. Lassen Sie sich von Ihren Ängsten ihre verrückte Geschichte über die Zukunft erzählen. Lassen Sie zu, dass Ihr Zorn Ihnen eine lächerliche Handlungsweise nahe legt. Wenn Sie das still und ehrlich tun, dann werden Sie schließlich über diese ganze Absurdität lachen und auf dem Weg der Liebe weitergehen. Es gibt kein destruktives Denken und Fühlen, das der beharrlichen Bewusstmachung widerstehen könnte.

Ich erinnere mich an den Beginn unserer Arbeit mit einer Familie, die einen zwölfjährigen Sohn mit Gehirntumor hatte. Es sah so aus, als würde er nicht mehr lange leben. Eines Tages rief der Vater des Jungen mich an und sagte mir, dass er seine Arbeitsstelle verloren hätte, nicht aus Versagen, sondern wegen einer Umstrukturierung innerhalb seiner Firma. Er war wütend auf die Gefühllosigkeit der Leute in der Firma, denn sie wussten alle, dass sein Sohn krank war. Jetzt war er gezwungen, sich anderswo vorzustellen, und das regte ihn auf, nicht nur, weil er dadurch seinem Sohn entzogen war, sondern weil die Leute, die ihn interviewten, viel jünger und weniger erfahren waren als er. Er bat mich um einen Gedanken, der ihm helfen könnte.

Ich sagte ihm, wenn er Frieden des Gemüts haben wollte, müsse er den Leuten vergeben, wo er früher gearbeitet hatte, und er müsse auch einsehen, dass diejenigen, die ihn interviewten, nicht seine Feinde waren. Er hatte mir erzählt, dass er am nächsten Tag wieder einen Termin hatte, und so riet ich ihm, seinen jungen Gesprächspartner, der ihm Fragen stellen würde, ruhig zu betrachten und zu sehen, dass auch er nervös war. Natürlich würde der andere fürchten, dass er etwas übersehen und den falschen Mann für den Job anstellen könnte. Wenn der Mann, den er anheuerte, nichts taugte, könnte er damit möglicherweise seine eigene Stellung gefährden. Wenn er eingesehen hätte, dass auch der Interviewer Angst hatte, würde er verstehen, dass sie zusammengekommen waren, um einander Frieden zu bringen, auch wenn der andere dies nicht erkannte. Ich schlug vor, dass er sich ein einziges Ziel stecken sollte: nicht den Job zu kriegen, sondern während des Vorstellungsgesprächs Frieden des Gemüts zu bewahren, indem er dem Interviewer Liebe und Rücksichtnahme entgegenbrachte.

Am folgenden Abend rief er mich wieder an und sagte: »Wissen Sie, ich habe keine Ahnung, ob sie mich nehmen, aber ich weiß, dass ich mich nach dem Gespräch so wohl gefühlt habe wie schon lange nicht mehr.« In der Folge bekam er die Stellung und sogar mit einem höheren Gehalt als früher. Das ist natürlich nicht das Wichtige, sondern die Erfahrung, dass die heilende Kraft der Vergebung sich mit keinem anderen Wert des Lebens vergleichen lässt.

Vergebung ist ohne Zweifel der Kernbegriff Inneren Heilens,

zugleich aber auch derjenige, der am leichtesten missverstanden wird. Ich sagte bereits, dass wahre Vergebung nicht heißt, eine Position moralischer Überlegenheit einzunehmen. Sie erklärt die Grausamkeit eines anderen auch nicht für akzeptabel, denn das wäre unaufrichtig. Vergebung sieht, dass es keinen wirklichen Grund zur Verurteilung gibt, und damit das geschehen kann, muss ein neuer Grund der Unschuld erkannt werden. Gewiss, das Verhalten der betreffenden Person lässt sich nicht aus der Welt schaffen. Sie verhielt sich eben so, das ist nicht zu leugnen. Vielleicht lässt sich ein anderes Motiv dafür finden, zum Beispiel Angst statt Selbstsucht, doch obwohl das zunächst ein richtiger Schritt ist, genügt dies noch nicht, uns die Herrlichkeit von Gottes Licht in ihm zu zeigen. Vergebung ist ein sanftes Sichabwenden von dem, was wir mit den Augen des Körpers sehen, und ein Suchen nach der Wahrheit jenseits des individuellen Ego.

Die meisten wissen, dass im Herzen eines jeden Menschen ein tiefer Drang nach dem Guten existiert, mag er auch noch so überlagert sein von Schuld, Abwehr, Unehrlichkeit und Unmenschlichkeit. Vergebung sieht über die oberflächlicheren Motive des Individuums hinweg, mögen sie noch so extrem sein, und findet den Ort in seinem Herzen, der sich nach demselben sehnt, wonach auch wir uns sehnen. Jeder Mensch möchte Frieden und Geborgenheit. Jeder möchte etwas Besonderes sein. Jeder möchte sein Potential der Liebe freisetzen. Vergebung blickt tief in dieses Verlangen hinein, und wenn es dort sein eigenes Spiegelbild erblickt, spricht es den anderen von jeder Verurteilung frei.

13
Die Liebe suchen

Der siebte Grundsatz der Inneren Heilung stellt uns vor eine klare Wahl, die wir treffen müssen, wenn wir dauerhaften Frieden und Liebe erfahren wollen. Diese Wahl erfordert eine Verlagerung der Wahrnehmung, von der Betrachtung der äußeren Erscheinung oder des Verhaltens anderer Menschen hin zu dem unschuldigen Herzen, das uns allen gemeinsam ist. Sobald wir diese Verlagerung vollzogen haben, bringt sie uns nichts Geringeres als die Erfahrung des Himmels.

Der Grundsatz besagt:
Wir können Liebe suchen, statt zu nörgeln.

Unabhängig vom Verhalten eines Menschen können wir bewusst nur das Licht der Liebe in ihm erblicken.

Jedes Ego gleicht dem anderen. Ein Ego ist nicht besser als das andere, und wenn wir das einmal verstanden haben und erkennen, wie unser Ego funktioniert, können wir bewusst aus unserem friedlichen, glücklichen und mit anderen Menschen verbundenen Geist handeln.

Das Ego ist wie ein mechanischer Pilot, der nur in eine Richtung fliegen kann – des Urteilens über andere, des Zorns, der Angst und Schuldgefühle. Manche Menschen agieren dies destruktiver aus als andere, doch der grundlegende Fehler ist derselbe. Das Ego ist ganz einfach ein Nörgler, und es ist ihm egal, wen oder was es aufs Korn nimmt. Das Resultat ist immer dasselbe: Wenn wir aus dem Ego heraus reagieren, haben wir kein Gefühl der Einheit oder Ganzheit in uns oder in unseren Beziehungen, und wir sind außerstande, Seelenfrieden zu erfahren.

Um uns inneren Frieden zu bewahren, müssen wir unsere nörgelnden Urteile loslassen und stattdessen die Liebe suchen.

Spaziergang am Strand

Meine Frau Diane und ich unternehmen gerne lange Strandspaziergänge. Manchmal schweigen wir und hängen unseren Gedanken nach. Dann wieder sprechen wir miteinander, aber immer versuchen wir, alles, was wir sehen, mit Liebe zu betrachten – die Wellen, die Wolken und insbesondere die Menschen, denen wir unterwegs begegnen.

In früheren Zeiten sah ich die Leute mit den dicksten Bäuchen eher kritisch an. Doch heute würde mir so etwas nicht mehr einfallen, denn es geht mir nur darum, das zarte Herz voll Liebe zu erkennen, das uns allen gemeinsam ist. Ich halte mich nicht mehr bei Erscheinungen auf oder dabei, ob jemand einen traurigen oder glücklichen, einen zornigen oder zufriedenen, einen freundlichen oder unfreundlichen Eindruck macht.

Auf manchen Spaziergängen lächeln Diane und ich jeden

an, der vorübergeht, und sagen »Guten Morgen« oder »Guten Tag«. Viele lächeln zurück oder antworten mit einem Gruß, und andere wieder nicht. Wir wissen, dass es nicht darauf ankommt, ob unser Gruß erwidert wird oder nicht. Wir wissen ganz einfach, dass wir mehr Frieden und Freude erfahren, wenn wir jeden Menschen, den wir sehen, liebevoll grüßen.

Ehe

Beziehungen, in denen beide Partner in erster Linie ihre Fehler im Auge haben, gehen bald in die Brüche, weil keiner der Partner es dem anderen recht machen kann. Konflikte und Streit sind das Resultat, wenn man sich gegenseitig auf diese Weise betrachtet. Wenn Diane und ich Paarberatung machen, bitten wir die Partner, bevor sie anfangen, über ihre Probleme zu sprechen, ein paar positive Dinge über einander zu sagen. Oft leisten sie gegen diesen Vorschlag einen außerordentlich heftigen Widerstand, und manchmal fällt keinem von beiden irgendetwas Nettes oder Liebevolles zum anderen ein.

Manchmal sind sie von Diane und mir enttäuscht, weil sie darauf eingestellt waren (und dies vielleicht im Stillen geprobt hatten), dass sie über die lange Liste ihrer Beschwerden würden reden können, die natürlich zu dem Schluss führt, dass ihr Partner an allem schuld ist, was in der Ehe schief läuft.

Früher oder später wird dann er zaghaft sagen: »Na ja, vielleicht gibt sie sich ja Mühe, eine gute und liebevolle Mutter zu sein.« Und sie antwortet darauf etwa: »Es ist nett von ihm, dass er mich anruft, um mir zu sagen, dass er erst spät nach Hause kommt.« Dies bricht das Eis der Negativität, und mit sehr wenig Aufmunterung von unserer Seite bringen sie dann ganz andere Listen – in denen Güte, Rücksichtnahme und Liebe gewürdigt werden. Die feindselige Energie beginnt sich aufzulösen, und bald sagt einer von ihnen mit zärtlicher Überraschung: »Das hast du noch nie ausgesprochen. Ich wusste gar nicht, dass du so denkst.«

Beachten Sie bitte, dass sich in der Beziehung der beiden nichts geändert hat außer ihrer Einstellung. Sie sind vom Nörgeln abgekommen und haben begonnen, Liebe zu suchen. Dann können wir dazu übergehen, über bestimmte Themen zu sprechen, aber jetzt sind beide Personen bereit, einander zuzuhören, ohne in die Defensive oder in Zorn zu geraten. Mögliche Lösungen und Ideen, wie sie ihre Beziehung stärken können, fallen ihnen jetzt schnell und mühelos ein. Ein praktischer Weg besteht darin, Liebe zu suchen, und er funktioniert!

Spiegelbild

Für die meisten von uns gibt es eine Reihe von Dingen, die wir an uns selbst nicht mögen oder nicht akzeptieren. Die meisten von uns haben Handlungen begangen, für die wir uns schämen oder die uns peinlich sind. Doch statt uns zu vergeben und diese Wunden innerlich zu heilen, projiziert unser schlaues Ego diese »Schwächen« oder »Fehler« auf andere, als ob wir schuldlos würden, wenn wir einen anderen für schuldig erklären. Es fallt uns sehr schwer zu glauben, dass das, was wir an einem anderen kritisieren oder ablehnen, oft ein Spiegelbild dessen ist, was wir in uns selbst abgelehnt haben.

Wir sehen vielleicht das rassistische Vorurteil eines anderen, wollen aber nicht den Teil von uns anschauen, der selbst nicht frei von Vorurteilen ist. Das Ego glaubt wirklich, dass wir unsere Unschuld beweisen können, indem wir jemand anders Schuld zuweisen. So können wir eine andere Person engstirnig nennen, während wir unsere eigene engstirnige Denkweise leugnen.

Weil unser Ego an Trennung glaubt, verführt es uns dazu, Mängel bei anderen zu suchen. Diese Sichtweise erscheint oft automatisch, bis wir beginnen, ihre Gültigkeit und ihre Auswirkung auf uns und unsere Beziehungen in Frage zu stellen.

Ein Mensch werden, der die Liebe sucht

Diejenigen, die ihre Gedanken ehrlich überprüfen, sind gewöhnlich entsetzt, wenn sie feststellen, wie viele von ihnen negativ und im Urteilen über andere befangen sind. Doch unser Ego möchte nicht, dass wir uns dessen bewusst werden, weil es Konflikt, Trennung und Angst will. Es ist schmerzhaft, erkennen zu müssen, dass es einen Teil von uns gibt, der nichts anderes will als unser Unglück. Diese Erkenntnis beweist jedoch nicht unsere Schuld, sondern gibt uns vielmehr die Möglichkeit, über das Ego hinauszublicken zu unserem tieferen, mit anderen verbundenen und liebenden Selbst. Der Weg zum inneren Frieden ist einfach der, dass wir über das Nörgeln hinausgehen und zu Menschen werden, die Liebe suchen.

Wenn wir uns dafür entscheiden, mit Liebe durchs Leben zu gehen, statt über andere zu urteilen, wird unser Leben verwandelt! Dies kann denjenigen als eine unmögliche Aufgabe erscheinen, die nie den Teil ihres Inneren erlebt haben, der bereits die Liebe sucht. Doch gerade die Tatsache, dass dieser Teil in uns allen existiert, macht eine solche Wandlung nicht nur möglich, sondern manchmal sogar erstaunlich leicht. Das Einzige, was dazu nötig ist, ist die Bereitschaft, jedes Urteil, jeden unglücklichen Gedanken – über uns selbst oder über andere – genau unter die Lupe zu nehmen und dann nach innen auf die Stimme der Liebe zu horchen. Sie können sicher sein, dass diese Stimme da ist als ein Geschenk Ihrer höheren Kraft, Ihrer Art, mit Liebe zu sehen, Ihrer aufrichtigen Sichtweise. Vom spirituellen Standpunkt aus besteht das wahre Ziel all unserer Beziehungen darin, dass wir uns miteinander verbinden; und etwas vom Standpunkt der Liebe zu betrachten heißt einfach, diese Wahrheit anzuerkennen.

Es ist wichtig zu erkennen, dass an dieser Betrachtungsweise nichts Unaufrichtiges ist. Es wird von Ihnen nicht verlangt, dass Sie die »Wirklichkeit« verleugnen, sondern dass Sie die Dinge vielmehr von einer tieferen, ehrlicheren, einsichtigeren Wirklichkeit her anschauen. Und wenn Sie dies tun, wird Ihr Herz jubeln. Sie werden Freude und Frieden finden, und Sie werden zu einem Menschen werden, der die Liebe sucht.

14
Den Frieden wählen

Unser Ego lehrt uns, dass die Vergangenheit die Zukunft vorausbestimmt. Deshalb glauben wir, dass wir ständig in Gefahr sind, alles zu verlieren, was uns etwas bedeutet. Wir denken, dass wir jeden Augenblick angegriffen, verletzt, verraten, im Stich gelassen und zum Opfer gemacht werden können. Der achte Grundsatz der Inneren Heilung erinnert uns daran, dass es immer unsere eigene Art ist, wie wir die Welt betrachten, die uns den Kummer verursacht.

Er lautet:
Wir können innerlich im Frieden sein, egal, was äußerlich geschieht.

Trotz Chaos in unserem Leben können wir bewusst im Frieden sein, denn wir wissen, dass wir mit der hebenden, friedvollen Quelle unseres Daseins verbunden und in ihrer Obhut sind.

Aufgrund unserer Erfahrungen in der Vergangenheit glauben wir oft, dass wir hilflos und allein sind. Die Welt sieht gefährlich aus, und wir empfinden uns als zerbrechliche kleine Wesen, die wenig Kontrolle über ihr Leben oder das Leben derer haben, die wir lieben. Ist es ein Wunder, dass wir ängstlich und verwirrt sind, wenn wir uns Gedanken über die Zukunft machen? Unser Ego sagt uns, dass eine solche Betrachtungsweise »ehrlich« und »nicht von der Hand zu weisen« ist, und gibt uns den Rat, uns in Acht zu nehmen und den anderen schlechte Hintergedanken zu unterstellen.

Es gibt eine andere Betrachtungsweise

Nehmen Sie einmal die Möglichkeit an, dass die Welt, die wir sehen, auf dem Kopf stünde und dass das, was wir als Ursache und Wirkung betrachten, sich in Wirklichkeit umgekehrt verhielte. Das Glaubenssystem, nach dem wir leben, lehrt uns, dass die Ursache unseres Leidens außerhalb von uns liege. So sind wir immer ein potentielles Opfer der Dinge, die wir nicht kontrollieren können.

Wenn wir zum Beispiel Tennis spielen wollen und es regnet, dann hat das Wetter unsere Pläne zunichte gemacht, und es ist »vernünftig«, dass wir uns darüber aufregen. Wenn wir krank sind und unseren inneren Frieden verloren haben, wird unser Ego-Verstand uns sagen, dass wir wegen der Krankheit unseren Frieden verloren haben. Also sind wir hilflos gegenüber den Kräften dieser Welt.

Schuldzuweisung ist das Spiel des Ego

Wenn etwas in unserem Leben schief geht – in Beziehungen, in unseren Geschäften oder hinsichtlich unserer Gesundheit –, ist es unsere »natürliche« Tendenz, jemanden zu finden, dem wir die Schuld daran geben können. Aber was geschieht, wenn wir das zerstörerische Spiel des Egos mitmachen und uns für einen Sündenbock entscheiden? Bringt das irgendetwas in unserem Leben in Ordnung? Gibt es uns unser Glück oder unseren inneren Frieden wieder? Fühlen wir uns mehr geliebt, mehr mit anderen verbunden? Wird unser Inneres heil? Wir alle haben diesen Fehler begangen, und wir alle haben gesehen, wohin das führt. Projektion und Schuldzuweisung zerstören unseren Frieden, unser Glück und unser Gefühl des Einsseins und lösen keineswegs unsere Probleme.

In diesem Buch habe ich viele Geschichten von jenen Kindern erzählt, die meine Lehrer waren. Ohne Zweifel hatten alle diese Kinder Gründe genug, der Welt und manchmal bestimmten Erwachsenen für ihr Leiden und – wie viele denken würden – für den Verlust ihrer Unschuld und ihrer Kindheit die Schuld zu geben. Doch wenn diese Kinder es fertig bringen, das Spiel der Schuldzuweisung des Egos nicht mitzuspielen, wenn sie zum inneren Frieden zurückkehren und ihr Leben auf Freude ausrichten können, dann können wir das sicherlich auch.

Unser Denken schafft unsere Erfahrungen

Das größte Geschenk des Universums an uns ist vielleicht die Freiheit, dass wir wählen können, welchen Gedanken wir in unserem Kopf Raum geben wollen. Das bedeutet, dass wir in jeder Sekunde des Tages Frieden statt Konflikt wählen können, auch wenn wir von noch so viel Chaos umgeben sind. Wenn man gewöhnt ist, die Dinge einseitig zu betrachten und nur auf eine bestimmte Art und Weise zu reagieren, dann erscheint dies vielleicht als eine unmögliche Aufgabe. Die Wahrheit ist jedoch – und das ist wunderbar –, dass wir eigentlich nur die Wahl treffen, ob wir glücklich oder unglücklich sein wollen. Wenn wir das einmal begriffen haben, wird unser Verlangen, immer den Frieden zu wählen, zum Instinkt.

Eulalia und Jack Luckett

Seit über zwanzig Jahren sind die Lucketts nicht nur liebe Freunde von uns, sondern auch ein Vorbild für die Grundsätze der Inneren Heilung – insbesondere für den achten. Jack, ein pensionierter Marineoffizier und ehemaliger Bezirksanwalt in Los Angeles, gehörte ehemals dem Vorstand an, als das Zentrum sich noch in Tiburon, Kalifornien, befand. Eulalia war eine der ersten Frauen, die ein Magisterdiplom in Betriebswirtschaft an der Harvard-Universität erwarben.

Nach einem Leben, das auf Leistung und weltlichen Erfolg ausgerichtet war, verpflichteten sie sich der bedingungslosen Liebe und einem Leben ohne zu urteilen oder alles im Griff haben zu müssen. Sie verschenkten den größten Teil dessen, was sie besaßen, und beschlossen, so einfach und friedlich zu leben wie möglich. Manchen erscheint dies wie ein Opfer, doch Eulalia und Jack gehören zu den fröhlichsten Menschen, die wir kennen.

Sie glauben jetzt an eine Macht, die größer ist als sie, die sie für das Göttliche halten. Sie wissen jetzt, dass ihr Glück und ihr Frieden aus ihrer Verbindung zu Gott kommen und nichts mit der Außenwelt zu tun haben. Es ist, als ob sie auf einem Strom des Friedens durch das Leben getragen würden statt auf einem Strom des Konflikts.

Das bedeutet nicht, dass sie jetzt von den Herausforderungen, die uns alle betreffen, ausgenommen sind. Ich habe gesehen, wie sie sich mit Krankheit und Problemen in ihrer Beziehung sowie mit Schwierigkeiten des täglichen Lebens auseinander gesetzt haben. Der Unterschied ist der, dass sie die Tatsache angenommen haben, die Wahl zu haben, friedlich mit ihren Schwierigkeiten umzugehen. Sie demonstrieren immer wieder die wunderbare Fähigkeit, wie man ruhig, liebevoll und friedlich bleiben kann, selbst dann, wenn alles drunter und drüber geht. Jeden Tag geht es Eulalia und Jack darum, jeden Menschen, dem sie begegnen, an ihrer bedingungslosen Liebe teilhaben zu lassen. Dazu lassen sie sich manches einfallen. So nehmen sie zum Beispiel auf allen ihren Wegen kleine Herzen zum Anstecken mit. Wenn sie in einem Restaurant sind, fragen sie die Kellnerin, welche Farbe sie bevorzugt, und oft befestigen sie ein solches Herz an ihrer Kleidung oder in ihrem Haar, so dass diese Person das Symbol ihrer Liebe den ganzen Arbeitstag hindurch spürt.

In allen von uns steckt ein unschuldiges Kind, und Eulalia und Jack gestatten dem ihrigen, hervorzukommen und zu spielen. Das ist etwas, wovor viele Erwachsene sich fürchten oder was ihnen peinlich wäre. Die Lucketts können albern sein, ohne sich vor Missbilligung und Kritik zu fürchten, und wegen ihres unbefangenen und überschwänglichen Frohsinns fühlen andere Menschen sich zu ihnen hingezogen und durch ihre Gegenwart bereichert.

Unsere Wahl ist klar

Ungeachtet unserer Lebensumstände in der Vergangenheit oder in der Gegenwart besitzen wir alle die Fähigkeit, uns selbst und andere Menschen mit Liebe zu betrachten. Wenn wir das jeden Tag üben, wird es uns eine Freude bringen, die von den Ereignissen dieser Welt unberührbar ist. In *Ein Kurs in Wundern®* gibt es ein Gebet, das Diane und ich täglich verrichten. Es ist eines der stärksten Gebete, die ich kenne, die das Ego beiseite treten lassen, so dass wir die Welt von der Gegenwart her sehen und unserer Verbindung mit unserer liebenden Quelle eingedenk sein können. Dieses Gebet stillt unsere geschwätzigen Gedanken und erlaubt uns, ein Kanal der Liebe zu werden, während wir unser Herz der Stimme der Liebe öffnen, die in uns allen wohnt:

Ich bin nur hier, um wahrhaft hilfreich zu sein.
Ich bin hier, um IHN zu vertreten, DER mich gesandt hat.
Ich brauche mich nicht zu sorgen, was ich sagen oder tun soll, denn ER, DER mich gesandt hat, wird mich führen.
Ich bin zufrieden, dort zu sein, wo immer ER es wünscht, in der Erkenntnis, dass ER mit mir dorthin geht.
*Ich werde geheilt, indem ich mich von IHM lehren lasse, wie man heilt**

15
Alle Beziehungen gleichen sich

Vielen von uns wird beigebracht, dass Weisheit nur aus jahrelanger Erfahrung komme und dass wir umso mehr davon besitzen, je älter wir werden. Außerdem nehmen viele an, dass akademische Diplome und weltlicher Erfolg denen, die sie erlangen, große Weisheit verleihen. Im Zentrum halten wir etwas ganz anderes für wahr, wie der neunte Grundsatz der Inneren Heilung besagt:

Wir sind füreinander Schüler und Lehrer.

Frieden kommt zu uns, wenn wir begreifen und zu erkennen geben, dass alle unsere Beziehungen sich gleichen.

Gleichgültig, wie alt jemand ist oder welche Zeugnisse er hat, jeder Mensch wird im Zentrum als ebenbürtig behandelt. Wir sind alle füreinander Lehrer und Schüler. Wenn der Schüler bereit ist, wird der Lehrer erscheinen – und umgekehrt! Wenn jemand unsere Gruppen im Zentrum besucht, verlangen wir, dass alle Titel und Etiketten beiseite gelassen werden. Wir nennen alle bei ihrem Vornamen, und so bin ich für Erwachsene wie für Kinder »Jerry«. Schon lange habe ich erkannt, dass die Kinder, die ins Zentrum kommen, weise, spirituelle Wesen in einem jungen Körper sind. Wir alle haben so manche spirituelle Wahrheit von ihnen gelernt.

Die Geschichte des Zentrums

Als ich die Nötigung verspürte, das Zentrum für Innere Heilung zu gründen, traf ich mich probeweise mit neun Kindern, die alle lebensbedrohliche Krankheiten in unterschiedlichen Stadien hatten. Ich teilte ihnen meine Gedanken mit und forderte sie auf, mir ihre Vorstellungen dazu zu sagen. Es kam mir nie in den Sinn, sie als Menschen zu betrachten, die mir irgendwie nicht ebenbürtig wären. Ich bat sie um Hilfe, und zusammen diskutierten wir das Für und Wider für die Gründung einer Gruppe.

Diese neun Kinder beschlossen, sich sechs Wochen lang zu treffen und dann zu entscheiden, ob sie weitermachen wollten oder nicht. Sie fassten außerdem den Beschluss, dass wir uns mittwochabends von sechs bis um halb acht Uhr treffen und dass sie alle ein kostenloses Essen bekommen sollten! Nach den ersten sechs Wochen beschloss die Gruppe, weiterzumachen. Im Lauf des Jahres kamen noch Gruppen für Geschwister, Eltern und Großeltern dazu.

Anfangs hatten wir drei Helfer, die auch abwechselnd für die Mahlzeiten sorgten. Nach einem Jahr fand ich, dass ich es satt hatte, Mahlzeiten vorzubereiten, und schlug vor, unsere Treffen am späteren Abend anzusetzen, damit alle vorher essen konnten. Doch ich wurde überstimmt. Heute, fünfundzwanzig Jahre später, geben wir noch immer kostenlose Mahlzeiten an die Kinder und ihre Familien aus. Ja, alle unsere unmittelbaren Dienstleistungen am Zentrum sind umsonst. Von Anfang an war mir klar, dass die Kinder sich ermächtigt fühlten, wenn sie als Ebenbürtige behandelt wurden, deren Meinung wir respektierten und schätzten. Ich wusste, dass sie genug hatten von dem »Ärztegehabe«, und wollte ihnen vermitteln, dass wir in jeder Hinsicht füreinander Lehrer und Schüler waren.

Außerdem entdeckten wir, dass die Kinder unseres Zentrums, die in Schulen gingen und dort über ihre Krankheiten berichteten und darüber sprachen, wie es ihnen ging, wenn sie durch Chemotherapie ihre Haare verloren, sich als viel bessere Therapeuten erwiesen als Ärzte, Psychologen, Sozialarbeiter und andere diplomierte Erwachsene. Denn sie sprachen ja aus ihrer gelebten Erfahrung, und das ist das beste Diplom, das es gibt.

Schließlich wurden wir sogar gebeten, in nationalen Fernsehprogrammen aufzutreten, wie in der einstündigen Phil Donahue Show »60 Minuten« und in einem Sonderprogramm mit Fred Rogers. Wir wurden außerdem aufgefordert, an einer Reihe von Rundfunksendungen mitzuwirken. Dabei hielt ich mich absichtlich im Hintergrund, denn ich erkannte, dass diese Kinder eindrucksvolle Lehrer der Grundsätze Inneren Heilens sind, wenn sie über ihren Umgang mit Schmerzen und Injektionen und sogar über ihre Angst vor dem Tod sprechen.

Im Jahr 1986 nahmen Diane und ich siebzehn Kinder, die an unserem Projekt »Kinder als Lehrer des Friedens« beteiligt waren, nach China mit. Drei dieser Kinder hatten sich von ihrem Krebs erholt, und während ich dort war, wurde ich gebeten, einen Vortrag im Krebs-Institut zu halten. Ich willigte ein, sofern man mir erlaubte, diese drei Kinder mitzubringen und auch sie zu Wort kommen zu lassen. Der Abend wurde zu einer bemerkenswerten, heilenden Erfahrung für alle Mitwirkenden, und ich stellte fest, welch eindrucksvolle Lehrer diese Kinder sind.

Wir haben außerdem ein Ausbildungsprogramm für Menschen, die ehrenamtlich am Zentrum mitarbeiten, unsere Methode und Philosophie in ihre eigene Arbeit integrieren oder andere Zentren gründen möchten. Wir stellen Material für Bildungszwecke zur Verfügung durch Bücher, Artikel, Audio- und Videokassetten sowie durch die Teilnahme an Workshops, durch Vorträge an medizinischen Einrichtungen und Auftritte in Fernseh- und Rundfunkprogrammen. Unsere Arbeit stößt auf immer größeres Interesse, und zahlreiche Krankenhäuser verwenden jetzt unsere Grundsätze. Es gibt derzeit 150 solche Zentren in dreißig Ländern.

An unserem Zentrum in Sausalito haben wir Gruppen eröffnet für Menschen mit Hepatitis C, für HIV-positive Frauen sowie eine allgemeine Gruppe für HIV-Positive und Aidskranke. Wir haben Gruppen zur Bearbeitung von Verlust und Trauer sowohl für Kinder wie für Erwachsene.

Seit einiger Zeit erreicht unser Zentrum auch Pflegepersonen, die oft wenig oder gar keine Unterstützung haben und sich oft sehr allein und überfordert fühlen. Viele Senioren müssen einen Ehepartner pflegen, der an Alzheimer erkrankt ist oder eine andere schreckliche Krankheit hat. Wir haben Selbsthilfegruppen ins Leben gerufen, die diesen Personen das Gefühl geben, dass sie nicht allein sind. Außerdem haben wir eine Verlust- und Trauer-Gruppe insbesondere auch für ältere Menschen.

Als Teil unserer Arbeit für die größere Gemeinschaft haben wir eine Gruppe für Oberschülerinnen gegründet, die lernen möchten, was Innere Heilung ist. Wir geben Unterricht an Schulen für den Umgang mit Zorn und unterhalten außerdem eine Gruppe für Innere Heilung an der Strafanstalt San Quentin.

Am Zentrum gibt es ein weiteres Programm, das allen offen steht, nicht nur Menschen, die von einer lebensbedrohenden Krankheit oder besonderen Nöten betroffen sind. »Person-to-Person« ist für Menschen bestimmt, die den Wunsch haben, die zwölf Grundsätze der Inneren Heilung in ihr Leben zu integrieren. Das Zentrum dient quasi als ein Katalysator, indem es Menschen mit der einfachen Anweisung zusammenführt, ihr einziges Ziel darin zu sehen, nicht über andere zu urteilen, Liebe zu suchen, statt zu nörgeln, und Vergebung zu üben.

In den »Person-to-Person«-Gruppen wird daran gearbeitet, eine völlig neue Bewusstseinshaltung zu entwickeln. Wir beschließen im Vorfeld, bei den anderen Teilnehmern Zeichen von Liebe, Güte und Frieden aufzuspüren und nur die Information im Gedächtnis zu bewahren, die uns erlaubt, diese Person weiterhin mit Freundlichkeit zu betrachten. Mit anderen Worten, wir suchen nur ihre Unschuld, nicht ihre Schuld. Wir schauen sie mit dem Herzen an, nicht mit unseren vorgefassten Urteilen.

Oft werde ich gefragt, wie wir finanziell über die Runden kommen, da alle unsere Dienstleistungen umsonst sind. Als ich den inneren Auftrag erhielt, das Zentrum zu gründen, bekam ich auch die Weisung: »Mach dir keine Sorgen wegen des Geldes, tu einfach die Arbeit, und die nötigen Mittel werden dir zufließen. Vertraue auf Gott.« Der Auftrag lautete außerdem, dass ich meine Arbeit ehrenamtlich leisten sollte, und das tue ich noch immer. Jahrelang waren unsere Mitarbeiter hauptsächlich unbezahlte Freiwillige. Als das Zentrum größer wurde, richteten wir auch einige bezahlte Stellen ein, sind aber nach wie vor auf die vielen Freiwilligen angewiesen, die uns ihre Zeit so großzügig zur Verfügung stellen.

In den ersten beiden Jahren bezahlte ich die Miete, die Telefonrechnungen und die anderen Betriebskosten selbst. Dann begann unser lieber Freund und Wohltäter John Robinson, uns mit einer monatlichen Summe zu unterstützen. Als wir bekannter wurden, erhielten wir allmählich zahlreiche Spenden, von sehr geringfügigen bis zu größeren. Später erhielten wir große Zuwendungen von Stiftungen.

Wir können nur einem Ebenbürtigen helfen

Die Gruppen beginnen und enden damit, dass wir alle unsere Augen schließen, uns an den Händen fassen und unser Einssein spüren. Wir teilen einander unsere Probleme, unsere guten Ideen und Erfahrungen mit, ebenso wie praktische Tipps, die wir nützlich fanden, und während wir das tun, üben wir uns darin, in den anderen unsere Lehrmeister zu sehen. Die Betonung liegt auf Ebenbürtigkeit, unabhängig von Alter oder Herkunft. Das bedeutet, dass die Helfer auch über ihre eigenen Probleme sprechen.

Als Hilfen benützen wir manchmal Meditation, Entspannungsmethoden, aktive Imagination (Vorstellungsbilder), Kunst und Gebet. Wir helfen einander bei spezifischen Problemen, wie zum Beispiel den folgenden:

- Ich schäme mich, in die Schule zu gehen, weil ich nach der Chemotherapie meine Haare verloren habe.
- Ich fühle mich einsam und habe Angst, wenn ich im Krankenhaus bin.
- Warum ist mir das zugestoßen?
- Ich bin eifersüchtig auf meinen Bruder, der alle Zuwendung bekommt, weil er krank ist.
- Ich habe Angst, dass mein Kind sterben wird.

- Meine Frau zieht sich von mir zurück, weil ich krank bin. Ich hasse sie dafür, aber ich liebe sie auch und will sie nicht verlieren.
- Ich habe eben erfahren, dass ich HIV-positiv bin, und meine Eltern wissen nicht einmal, dass ich schwul bin.
- Ich liebe meinen Mann, aber ich fühle mich von seiner Pflege überfordert, so als würde mein Leben mir davonfließen.

Wir geben einander Stärke und Rückhalt, indem wir eigene ähnliche Probleme mitteilen und wie wir damit umgehen, aber vor allem dadurch, dass wir vorbehaltlos und ungeschützt zuhören und bedingungslose Liebe und Akzeptanz anbieten.

Vor einigen Jahren besuchte ich ein Hospiz in Neuseeland, wo mir eine ehrenamtliche Mitarbeiterin begegnete, die eine Anstecknadel mit ihrem Namen trug, und darunter stand das Wort »Zuhörerin«. Das sagte viel über sie aus. Sie war nicht da, um Ratschläge zu erteilen, etwas »in Ordnung zu bringen« oder eine Handlungsweise vorzuschreiben. Zuhören *ist* lieben. Lieben *ist* zuhören. Zuhören erfordert Aufmerksamkeit, aber nicht unbedingt Handeln, und das kann das Wichtigste und Sinnvollste sein, das wir für einen sterbenden Menschen tun können. Weil wir wissen, dass das wahr ist, legen unsere Zentren großen Wert darauf, zuhören zu lernen und für den anderen Menschen vollkommen anwesend zu sein.

Charlene Sugawara

Im Laufe der Jahre wurde ich wiederholt daran erinnert, dass wir, unabhängig von unserem Alter, immer das lehren, was wir lernen müssen, und während wir lehren, erlangen wir die Fähigkeit, die Prinzipien der Inneren Heilung immer fester in unser Leben zu integrieren. Vor kurzem erhielten wir den folgenden Brief von Charlene, die als Kind in unser Zentrum kam:

Lieber Jerry und liebe Diane, es ist lange her, seit ihr von mir etwas gehört oder mich gesehen habt. Ich weiß, dass ihr viel zu tun habt, aber ich dachte, ihr würdet wissen wollen, dass es mich noch gibt.
Es war vor fast zwanzig Jahren...
Ich erinnere mich, wie ich mit meinen Eltern in Jerrys Büro in Tiburon kam, wieviel Angst ich hatte und wie einsam ich mich fühlte. Ich war sehr krank, meine Ärzte hatten nur wenig Hoffnung, und mit meinen acht Jahren wusste ich schon, dass etwas mit mir nicht stimmte. Mein Arzt empfahl uns, diese neue Gruppe in Tiburon auszuprobieren, von der er gehört hatte, und meine Eltern beschlossen, es zu versuchen.
Ich erinnere mich, wie ich in eine Gruppensitzung kam, sehr nervös, aber auch schockiert, dass noch andere Kinder unterschiedlichen Alters da waren, die sich in derselben Lage befanden. Zuerst hielt ich mich zurück, doch bald fühlte ich mich im Zentrum und in den Aktivitäten wohl.
Im Jahr 1980 fuhren meine Mutter und ich mit Jerry nach Hawaii, und 1986 ging ich mit euch beiden auf

eine fabelhafte Reise nach China. Die Qualitäten von Liebe, innerer Stärke und Frieden haben sich in mein Herz – und noch wichtiger: in meine Seele gesenkt.
Trotz meiner schlechten Chancen, trotz der medizinischen Befunde, dass mein Körper krank war, gibt es mich immer noch. Ich habe die Oberschule und ein Collegestudium absolviert, und seit fast fünf Jahren habe ich eine Ganztagsstelle bei Pacific Bell. Ich lebe in einer Eigentumswohnung ganz in der Nähe meiner Eltern. Ich glaube, dass die Lektionen, die ich am Zentrum zu lernen begann, mich dorthin gebracht haben, wo ich heute stehe. Ich bin sehr glücklich mit dem Menschen, der ich geworden bin, und ich bin froh, dass ich positive Züge meiner Eltern und der Menschen in meiner Umgebung übernommen habe.
Ich denke, dass Gott mich aus einem bestimmten Grund weiterleben ließ, damit ich denen helfe, denen es heute so geht wie mir damals vor Jahren. Ich habe versucht, anderen, die in Not sind, meine Überzeugungen zu vermitteln, insbesondere Menschen, die krebskranke Freunde oder Angehörige haben.
Ich erkläre ihnen, dass niemand das Recht hat, ihnen zu sagen, ob sie überleben werden oder nicht, oder wieviel Zeit sie noch haben, denn damit lassen wir einfach zu, dass andere unseren Fähigkeiten Grenzen setzen. Lassen wir das Leben herankommen, wie es will, machen wir uns keine Sorgen über die negativen Dinge, sondern glauben wir an das Positive, denn wenn wir wirklich daran glauben, dann geschieht es auch. Dafür bin ich ja ein lebendes Beispiel.
Mit Gottes ewiger Liebe, mit seinem Trost und Frieden…

Diane und ich lasen Charlenes Brief mit Tränen der Freude. Er war ein mächtiges Zeugnis für den dauerhaften Wert der Inneren Heilung und der Wahrheit, dass wir alle füreinander Lehrer und Schüler sind. Gelegentlich begegnet mir jemand, der dem Gedanken Ausdruck gibt, dass wir durch die Einrichtung des Zentrums den Kindern, die es aufsuchen, ein großes Geschenk gemacht haben, und manchmal entsteht sogar der stillschweigende Eindruck, dass damit Opfer verbunden sind. Darüber muss ich lächeln, denn diejenigen von uns, die eng mit dem Zentrum verbunden waren, wissen, dass wir es waren, denen der Segen zugute kam.

Es ist gar nicht möglich, mit den Kindern, die zu uns ins Zentrum kommen, zu arbeiten, ohne wahrzunehmen, wie heilig und unschuldig ihr Herz ist. Oft denke ich, dass das Wesentliche unserer Arbeit jene Bibelstelle zum Leben erweckt, die besagt, dass »ein kleines Kind sie leiten soll«. Ich weiß jetzt, dass man von Kindern die bedingungslose Liebe am besten lernen kann. Sie lehren uns außerdem Aufrichtigkeit, weil sie keine echte Beziehung zu uns haben können, wenn Täuschung im Spiel ist. Wenn Sie Kinder als Ebenbürtige behandeln und gewillt sind, von ihnen zu lernen, werden Sie erfahren, wie ihre Unschuld sich in Ihrem eigenen Herzen spiegelt.

Bobby

In der Anfangszeit des Zentrums machte ich einen Hausbesuch bei einem krebskranken vierzehnjährigen Jungen namens Bobby, der im Sterben lag. Keines der Medikamente, die damals zur Verfügung standen, konnte das Fortschreiten der Krankheit aufhalten. Als ich ihn zum ersten Mal sah, war er aschgrau im Gesicht und konnte kaum sprechen. Er bekam intravenöse Morphiuminfusionen gegen die Schmerzen.

Als ich bei diesem schwer kranken Jungen saß, drängte mich die innere Stimme, ihn um einen Gefallen zu bitten. Ich hatte ein Tonbandgerät in meinem Aktenkoffer und sagte Bobby, dass weder ich noch einer der freiwilligen Helfer am Zentrum je bei einem sterbenden vierzehnjährigen Jungen gewesen sei. Ich sagte ihm, ich sei überzeugt davon, dass er anderen Kindern, die bald dasselbe durchmachen würden wie er, enorme Hilfe leisten könnte, wenn er bereit wäre, etwas auf Band zu sprechen. Er willigte ein, und sobald er zu sprechen begann, verschwand seine aschgraue Blässe, und seine Augen wurden heller. Während er sprach, nahm seine Energie zu, und schließlich konnte er sogar im Bett aufsitzen.

Was ich für Bobby getan hatte, war, dass ich ihm ermöglichte, in ein Bewusstsein zu treten, in dem er anderen helfen und anderen etwas geben konnte. Das war eine wichtige Lektion für die Kinder und Erwachsenen im Zentrum, die mit Krankheit, Schmerzen und der Möglichkeit des Todes zu tun haben. Doch sie war ebenso wichtig für diejenigen von uns, die gesehen haben, wie machtvoll diese Lektion ist und wie wir unser eigenes Leben transformieren können, wenn wir bewusst Liebe ausdrücken.

Bobby starb einige Wochen nach meinem Besuch, aber seine Stimme und sein Geschenk der Liebe leben weiter auf einem Tonband, das anderen noch immer eine Hilfe ist.

Mutter Teresa erzählte Diane und mir einmal von einer Frau in Argentinien, die sie sehr berührt hatte, weil sie ihren neugeborenen Sohn »Professor der Liebe« nannte. Gleichgültig, welches Alter ihr Kind hatte, diese Mutter wusste innerlich, dass es als Lehrmeister der Liebe da war. Auch wir müssen daran erinnert werden, weil das Wesen der Inneren Heilung darin besteht, dass wir lernen, Lehrmeister der Liebe zu sein.

16

Ganz werden

Wenn wir die Welt von unserem separaten »kleinen Ich« aus betrachten, nehmen wir sie als eine Serie unzusammenhängender Teile wahr und reagieren in ebendieser Weise auf sie. Ein solches Weltbild muss immer chaotisch und verwirrend erscheinen und kann uns in dem Gefühl der Machtlosigkeit, Isolation und Gespaltenheit nur bestärken. Der zehnte Grundsatz der Inneren Heilung erkennt die Bedeutung einer geheilten Weltsicht. Er besagt:

Wir können die Ganzheit unseres Lebens in den Blick fassen, statt nur dessen Splitter.

Es ist eine Illusion zu denken, dass unser Leben von dem anderer getrennt ist. Heilung richtet ihr Augenmerk auf unsere Verbundenheit miteinander und mit allen Lebewesen.

Wenn wir mit den Augen unseres Egos die Welt betrachten, dann ist das so, als würden wir in ein Kaleidoskop schauen und lauter winzige Fragmente sehen, jedoch nie das Ganze. Wenn wir unser Leben auf diese Weise betrachten, ergibt es keinen Sinn, und wir drehen und wenden uns dahin und dorthin und finden niemals unsere Mitte. Doch wenn wir aufhören, durch die Linse des Egos zu blicken, bekommen wir eine andere Perspektive, die uns die Möglichkeit gibt, eine neue Wahl zu treffen. In Wahrheit sind wir alle Teile eines einzigen Gewebes, das alles Leben umfasst und die ganze Welt in Einheit hüllt. Wir sind einfach nicht getrennt voneinander. Für viele von uns war die Erfahrung von Einssein und Einheit eine so kurze und spärliche, dass wir kaum an sie glaubten und sie nur für eine idealistische, aber unpraktikable Vorstellung hielten. Aber wie sollen wir je an sie glauben, wenn wir uns weiterhin auf Getrenntheit konzentrieren?

So wie Wissenschaftler, die ihr Leben damit verbringen, durch die Linse eines starken Mikroskops zu schauen, und nur winzige Bruchstücke sehen, jedoch alle möglichen Erklärungen zum Ganzen abgeben, denken wir, dass wir die richtige Sichtweise haben, aber dem ist nicht so.

Ein Museum

Sind Sie schon einmal in einem Museum gewesen und haben ganz dicht vor einem großen Gemälde gestanden? Wenn ja, dann haben Sie vielleicht bemerkt, dass Sie nicht nur außerstande waren, das Sujet des Bildes zu erfassen, sondern dass Sie nur formlose Farbkleckse wahrnehmen konnten. Wenn Sie etwas zurücktraten, konnten Sie bestimmte Gegenstände erkennen – vielleicht ein Gesicht oder eine Hand. Wenn Sie sich noch weiter entfernten, bis Sie das ganze Bild deutlich sehen konnten, war Ihnen das Sujet klar.

Auch wir müssen eine gewisse »Distanz« halten, um das Ganze sehen zu können. Statt im wörtlichen Sinn zurückzutreten, müssen wir, symbolisch gesprochen, unsere Augen von

Bruchstücken abwenden und im übertragenen Sinn zurücktreten, um das Ganze in den Blick zu fassen. Das ist offensichtlich ein geistiger Vorgang, der verlangt, dass wir ohne Vorurteil schauen und bereit sind, die Dinge von der Gegenwart her statt aus der Vergangenheit zu betrachten.

Die meisten von uns haben schon die Erfahrung gemacht, dass wir jemandem begegnet sind, der uns als »zornig« oder »nicht gerade angenehm« geschildert wurde, und dass wir uns wunderten, weil wir diese Person gar nicht so erlebt haben. Es ist, als ob wir einem völlig anderen Menschen begegnet wären – und so ist es auch.

Was uns geschildert wurde, ist lediglich eine Wahrnehmung, und Wahrnehmungen sind eben persönlich und von unseren Urteilen und Meinungen gefärbt. Wenn wir das einmal erkannt haben, können wir die Menschen großzügiger und liebevoller sehen. Unser Ego bleibt oft stecken und betrachtet alles aus der Perspektive eines starken Mikroskops. Wenn wir auf diese Weise sehen, dann geschieht es leicht, dass wir Fehler und Unterschiede stark vergrößern. So bemerken wir an einem Menschen etwa einen kleinen negativen Zug, und wenn wir uns nicht bewusst für eine großzügigere Sicht entscheiden – also das Mikroskop zurückfahren –, sehen wir bald nur noch diesen Mangel.

Ein Weg, unsere Sicht zu erweitern, ist die Vorstellung, dass wir auf einer Bergspitze stehen und hinunterschauen. Alles dort unten sieht klein und unbedeutend aus. Es ist unmöglich, etwas herauszugreifen und uns von irgendeinem kleinen Detail besetzen zu lassen. Ja, wir wundern uns, warum wir zulassen, dass unser Ego sich so erregt über Dinge, die so unwichtig sind.

Berge

Wir denken an das Bergsteigen sowohl im übertragenen als auch im wörtlichen Sinn. Berge repräsentieren oft das Überwinden von Schwierigkeiten und Erreichen von Zielen. Und wir erkennen, dass wir eine außergewöhnliche Sicht haben, wenn wir auf dem Gipfel eines Berges stehen, weil wir hinunterschauen und sehen können, wie alles miteinander verbunden ist. Die meisten von uns sind schon einmal über eine größere oder kleinere Stadt geflogen und haben einen Blick hinunter getan auf eine scheinbar wohl geordnete und vollkommene kleine Gemeinschaft.

Von den Astronauten, die aus dem Weltraum auf die Erde heruntergeblickt haben, haben viele eine ähnliche Erfahrung gemacht und diese als ein spirituelles Erlebnis beschrieben. Sie sahen die Getrenntheit nicht mehr, sondern das Ganze. Sie sahen nicht mehr zerstückelte, Krieg führende Länder mit separaten, einander bekämpfenden Interessen. Sie sahen eine wunderschöne blaue Kugel, vollendet im Raum und vollendet harmonisch.

Wer will behaupten, dass Einheit eine Illusion sei, nur weil wir gewohnt sind, Bruchstücke zu sehen? Wenn wir eine Vision der Ganzheit annehmen könnten, dann würden wir die Ganzheit tatsächlich auch sehen.

Eine weitere Erfahrung, die viele gemacht haben, ist die, dass wir jedes Zeit- und Raumgefühl und sogar unseren Körper verloren, wenn wir uns in einem Konzert befanden und schöner Musik lauschten. Wir fühlten uns als ein Teil der Musik, der Musiker und der Menschen um uns herum. Vielleicht ist es an der Zeit, zu begreifen und anzuerkennen, dass diese Erfahrungen der Verbundenheit ebenso gültig, ja, sogar weitaus gültiger sind als unsere Erfahrungen der Trennung.

Beziehungen von »Zuerst komme ich«

Die meisten von uns meinen, dass ihnen etwas fehlt, und so suchen wir uns einen Partner als Ergänzung – einen Menschen, der die Leerräume ausfüllt, die wir unserer Vergangenheit zuschreiben. Oder vielleicht üben wir einfach Kritik an uns selbst, etwa weil wir schüchtern sind, und halten daher Ausschau nach einem kontaktfreudigen Menschen, der uns ins Lot bringt. Unser Partner hat vielleicht ähnliche Bedürfnisse und sucht seine Ergänzung ebenso in uns.

Offensichtlich sehnen beide sich nach Ganzheit, doch Beziehungen, die auf die Bedürftigkeit beider Individuen gegründet sind, werden immer brüchig sein, weil wir uns nicht vervollständigen können, indem wir von einem anderen ein »fehlendes Stück« bekommen. Wir sind kein Puzzlespiel, das von einer anderen Person zusammengesetzt werden kann. Aber solange wir dieses Bild von uns haben, werden wir die Ergänzung außerhalb von uns suchen und nur Enttäuschungen erleben. Wir werden uns weiterhin und auch den anderen als bruchstückhaft sehen. Ja, wenn unsere Beziehung scheitert, werden wir oft sogar das Gefühl haben, dass unser Expartner sich mit einigen Stücken, die uns gehören, davongemacht hat.

Obgleich diese »Zuerst komme ich«-Beziehungen uns wie Liebe erscheinen mögen, sind sie doch eher eine Art geschäftlicher Vereinbarung oder ein Handel zwischen zwei getrennten

Egos, die nirgends, wohin sie auch blicken, Ganzheit sehen können.

Körper und Körperteile

Wir neigen dazu, ein Leben in Bruchstücken zu führen, und wir erleben unseren Körper ebenso. Wenn es uns vor allem um Fitness geht, denken wir an uns als ein Muskelsystem, und wenn wir den Körper anderer sehen, vergleichen wir ihre Muskeln mit unseren. Wenn wir übergewichtig sind, sehen wir uns als unser Fett, und gewöhnlich kämpfen wir dann gegen unseren eigenen Körper an. Wenn eine Frau nur an ihre Brüste denkt und von diesem Aspekt ihrer selbst und anderer Frauen besessen ist, wird sie sich vielleicht danach einschätzen, wie die Männer in ihrem Leben auf ihre Brüste reagieren.

Für Krebskranke ist es eine Versuchung, diesen Aspekt ihres Lebens für die Person zu halten, die sie sind. Als ich ein Kind war, definierte ich mich über mein Leseproblem. Und die meisten von uns definieren sich natürlich über ihre Arbeit: ob sie ein Lehrer, Rechtsanwalt, Tischler, Künstler, Installateur sind oder was auch immer. Und so verhalten wir uns auch zueinander. Wenn wir erfahren, dass eine gute Freundin Krebs hat, betrachten wir sie oft als »Opfer« dieser Krankheit.

Diese gebrochene Weise, uns und andere zu erleben, ist so gewohnheitsmäßig, dass sie als richtig erscheint. Was wir jedoch nicht betrachten, ist die Auswirkung dieser Getrenntheit auf uns und andere. Was geschieht, wenn wir nicht mehr in der Lage sind, uns über unseren Beruf, über unsere Erscheinung oder das zu definieren, was uns zu etwas »Besonderem« macht?

Die Leute, die unser Zentrum besuchen, bemerken einhellig, wie »gesund« und »normal« die Kinder aussehen. Weil sie erwarten, Kinder anzutreffen, die Opfer ihrer Krankheiten sind, staunen sie, wenn die Kinder, die ihnen begegnen, glücklich und im Frieden sind. Wenn wir aber konsequent versuchen, »zurückzutreten« und uns gegenseitig als Ganzheit wahrzunehmen statt als das, was uns trennt, beginnen wir, auch unsere eigene Ganzheit zu erfahren.

Das Bild vom spirituellen Zwilling

Mit unserem Vorstellungsvermögen können wir unser getrenntes, zersplittertes Ich umgehen. Ein besonders hilfreiches Bild besteht darin, dass wir jeden Menschen, dem wir begegnen, als einen Zwilling sehen, der spirituell mit uns verbunden ist. Wenn wir das konsequent tun, werden wir nicht den Wunsch haben, irgendjemanden anzugreifen, weil wir erkennen, dass wir damit uns selbst angreifen. Kinder haben selten Schwierigkeiten, sich das vorzustellen, aber Erwachsene meinen oft, dass solche Vorstellungsbilder unter ihrer Würde oder zu primitiv seien. Doch wenn Sie diesen zynischen Wesensanteil auch nur für einen Tag suspendieren, werden Sie die Erfahrung von Einheit, Frieden und Glück machen, und das wird Sie davon überzeugen, dass unser Geist in Wirklichkeit bereits verbunden ist und dass das, was Sie jetzt sehen, einfach die Wahrheit ist, die schon immer da war.

Wie weit kann Liebe gehen?

Wenn wir einmal begriffen haben, dass die Welt ein Ganzes ist und dass wir ein vollständiger Teil dieses Ganzen sind, können wir daran glauben, dass dem Geben und Empfangen von Liebe keine Grenzen gesetzt sind. Entfernung ist keine Barriere, und es ist nicht nötig, dass wir mit dem Objekt unserer Liebe körperlich zusammen sind. Und weil Liebe sich nicht einschränken lässt, breitet sie sich durch die ganze Welt hindurch aus und segnet diejenigen, die ihre Einheit erkennen. Der geheilte, der ungespaltene Geist sendet einen Segen aus, der wie Sandkörnchen der Liebe in einen See fällt und dort Wellen schlägt, die sich weiter fortsetzen, als wir mit unseren Augen sehen können, und die jeden Teil des Sees berühren. Ohne Zweifel hat die Liebe einen Welleneffekt. Sie dehnt und dehnt sich aus, ohne Grenzen.

Aus wissenschaftlichen Untersuchungen jüngerer Zeit geht hervor, dass Gebet und Meditation eine Wirkung auf Kranke haben, auch wenn diese meilenweit von der Person, die für sie betet, entfernt sind. Im Zentrum haben wir alle diese Verbindung auf einer sehr tiefen Ebene erfahren, und wir sind überzeugt, dass der Geist von uns Menschen wahrhaft verbunden ist und dass die Erkenntnis dieser Wahrheit uns die Möglichkeit gibt, uns selbst und andere zu heilen.

Ganzheitliche (heile) Beziehungen

Wir alle sehnen uns nach Beziehungen, die Einheit spiegeln, weil wir erkennen, dass wir dann, wenn wir einander ganzheitlich sehen, unseren Geist und unsere Psyche heilen und Einheit erfahren können. Doch dazu bedarf es der täglichen Bemühung, um uns von unserer alten, bruchstückhaften Art, die Welt zu betrachten, zu lösen.

Zwei Menschen, die einander mit der Erkenntnis gegenübertreten, dass sie vollkommene spirituelle Wesen sind, die nur vorübergehend einen Körper bewohnen, sind in der Lage, die Fülle von Liebe und Frieden zu erleben, die der Schöpfer ihnen geschenkt hat. Sie sehen keine zersplitterte Welt, sondern eine Welt der Liebe, in der alles Leben verbunden ist. Sie erfahren sich selbst als Teil von allem und allen Menschen, und sie wissen, dass es zwischen ihnen und ihrem Schöpfer nichts Trennendes gibt.

Eine solche Beziehung ist »wir«-orientiert. Zwei Seelen kommen als Einheit zusammen; zwei Lichter verschmelzen und werden zu einer noch helleren Quelle der Erleuchtung; zwei Herzen schlagen, als wären sie ein einziges. Eine solche Verbundenheit ist die mächtigste Heilkraft auf Erden, weil sie eine sanfte Antwort auf die Frage gibt, was unser wahres Wesen ist.

Jenseits von Trennung

Es hat mich immer fasziniert, dass wir dann, wenn wir lernen, anderen bewusst zu helfen und anderen Menschen zu geben, das Bewusstsein unserer getrennten Identität verlieren. Wahre Liebe ist unwandelbar und währt ewig. Es ist eine Energie, die sich ausdehnt, die sich endlos entfaltet und alles segnet, was sie berührt, und die dem zersplitterten und ängstlichen Geist Heilung und Ganzheit bringt. Wenn wir über den Körper hinausblicken und bewusst das Licht der Liebe in einem anderen Menschen sehen, dann erkennen wir, wer diese Person wirklich ist. Und in ihrem Spiegel sehen wir uns selbst als ein vollständiges Ganzes, überreich gesegnet von der Wirklichkeit der Liebe.

17
Es gibt eine andere Wirklichkeit

Unsere alte Denkweise veranlasst uns, das Leben ängstlich zu betrachten und den Tod als das Ende unserer Wirklichkeit zu sehen. Wir halten uns selbst und unsere Lieben für Körper, und wir wissen, dass Körper zerbrechlich und verletzlich sind. Aus dieser Perspektive ist es folgerichtig, mit Angst durchs Leben zu gehen und den Tod zu fürchten. Aber es gibt eine andere Wirklichkeit, und der elfte Grundsatz der Inneren Heilung bestätigt dies. Er lautet:

Weil die Liebe ewig ist, brauchen wir nicht mit Angst auf den Tod zu blicken. Wir beginnen, unsere Angst vor dem Tod loszulassen, wenn wir wahrhaftig daran glauben, dass das, was wirklich ist, sich niemals verändert und dass die Liebe immer gegenwärtig ist.

Eine auf die körperlichen Sinne gegründete Wirklichkeit kann nur die Geschichte bestätigen, die der Körper erzählt. Und natürlich ist das eine Geschichte mit einem unglücklichen Ausgang. Aber es gibt noch eine andere Geschichte – von immer währender Liebe, die Geschichte einer anderen Wirklichkeit, die unwandelbar und zeitlos ist. Das ist die Geschichte, die unser Leben erzählt, wenn wir einmal glauben, dass wir mehr sind als ein Körper und dass unsere wahre Identität außerhalb dessen liegt, was sich verändert, krank wird, leidet und stirbt.

Wenn wir einmal die Liebe als unsere wahre Identität annehmen und anerkennen, dass Liebe und Leben eins sind, lassen wir nicht nur unsere Angst vor dem Tod, sondern auch unsere Angst vor der Zukunft los. Der Körper ist einfach nicht unsere Wirklichkeit, und diese Wahrheit befreit uns zu einem Leben von grenzenloser Hoffnung, Frieden und Einheit. Wir sind eins mit unserer höheren Macht, und in unserem Leben beginnt sich die uralte Wahrheit zu bestätigen, dass »die vollkommene Liebe die Angst vertreibt«.

Andere Formen des Todes

Oft erleben wir den Tod auf eine Weise, der sich nicht auf den Körper bezieht. Scheidung kann wie der Tod einer Ehe anmuten, und einer der Partner oder beide können ungeheuren Kummer und Schmerz erleiden. Der Verlust eines Arbeitsplatzes kann als Verlust von Identität und Sinn erlebt werden. Selbst die natürliche Funktion des Alterns wird oft als eine Art Fluch getragen, der uns unserer Jugend und Vitalität beraubt. All das sind emotional geladene Herausforderungen, die uns leer und deprimiert zurücklassen. Doch es ist unsere Bereitschaft, diese Emotionen und die Glaubenseinstellungen dahinter zu betrachten, die für unser Bewusstsein, dass wir mehr sind als die Geschichten, die unser Körper erzählt, entscheidend ist.

Halb tot sein

Obwohl wir physisch gesund sein mögen, gehen viele von uns durch den Tag mit einem Gefühl, als wären sie halb tot, weil sie so viele Urteile fällen. Für das Ego besteht unsere erste Funktion im Leben darin, das Verhalten anderer Körper zu beurteilen und zu interpretieren, um festzustellen, wer schuldig und wer nicht schuldig ist. Doch das können wir nicht tun, ohne uns abgetrennt und leer zu fühlen, was zu der größten aller Krankheiten führt – einem spirituellen Entzug. Im Schatten dieses halb toten Lebens kommen uns unsere täglichen Verrichtungen oft sinnlos vor. Wir bekommen Angst vor dem Leben, vor der Liebe und Nähe, vor Freude und Glück; oft stellen wir fest, dass wir uns auf nichts einlassen können, nicht einmal auf uns selbst. In diesem erstarrten Zustand haben wir kein Gefühl für die Schönheit und das Geheimnis des Lebens.

Wenn ich heute auf mein eigenes Leben zurückblicke, sehe ich, dass ich zu viele Jahre halb tot herumgelaufen bin. Ich war deprimiert und gleichzeitig beunruhigt. Trotz einem erfolgreichen Berufsleben spürte ich im Herzen, dass mir etwas abging. Jetzt weiß ich, dass das, was ich empfand, geistige Leere war. Ich war so versessen auf Habenwollen und Urteilen, dass mein spiritueller Benzintank ständig leer war.

Ohne mir dessen eigentlich bewusst zu sein, ging ein großer Teil meiner Zeit auf Angst und das Fällen von Urteilen über andere und mich selbst drauf. Es ist äußerst schwierig, wenn nicht unmöglich, den Geist im Inneren zu spüren, wenn man in einer so unglücklichen und einsamen Einstellung zum Leben gefangen ist.

Ich habe viele Menschen sterben gesehen, deren Geist auch

dann noch stärker wurde, als ihr Körper durch die Krankheit verfiel. Ich habe Menschen gesehen, die das Leben bis zum letzten Atemzug umarmten, weil sie begriffen, dass der Tod des Körpers nicht das Ende ihres Daseins war. In vieler Hinsicht waren sie »lebendiger« als diejenigen von uns, die mit leerer Seele und einer auf Schuld und Trennung ausgerichteten Psyche durchs Leben gehen.

Unser Geist möchte sich aufschwingen wie ein Adler, voller Inspiration, er möchte die Liebe empfinden, die zwischen uns und unserem Schöpfer strömt. Doch solange wir nicht bereit sind, alle Formen des Urteilens und feindseligen Verhaltens aufzugeben, werden wir in diesem halb toten Zustand stecken bleiben und die Herrlichkeit, die uns erwartet, nicht wahrnehmen.

Manifestationen der Angst

Ich hatte einmal einen Patienten, dessen Morgenritual darin bestand, die Seite seiner Zeitung, auf der die Nachrufe standen, als erste aufzuschlagen. Als ich ihn fragte, warum er das tat, erklärte er, dass er bloß nachsehen wolle, ob einer seiner Freunde gestorben sei. Als ich weiter nachforschte, kam ich dahinter, dass das Lesen der Nachrufe ihm auf seltsame Weise die Gewissheit gab, dass er noch am Leben war! Denn sein Name stand ja nicht darin.

Ein solches Verhalten kann uns merkwürdig oder gar verrückt erscheinen, aber dieser gute Mann hatte eine ungeheure Angst vor dem Tod, und für ihn war dieses Verhalten logisch und half ihm, seine Angst zu beschwichtigen – wenigstens für diesen einen Tag.

Die meisten von uns erkennen an, dass die Errichtung eines Testaments etwas Weises und Fürsorgliches ist, ein Geschenk für unsere Hinterbliebenen. Warum schieben dann so viele von uns dieses Geschäft auf? Die Antwort ist einfach. Das Errichten eines letzten Willens stellt uns direkt vor die Tatsache, dass wir sterben werden, und so denken wir uns hundert Gründe aus, warum wir jetzt nicht dazu kommen.

Die Angst vor dem Tod

Unser Ego ist immerzu fleißig, indem es alle möglichen Ängste erschafft, die wir uns machen können. Ich habe den Eindruck, dass eine unserer größten Ängste, ob wir uns dessen bewusst sind oder nicht, die Angst vor dem Tod ist. Und außerdem bin ich davon überzeugt, dass tief unter dieser Angst unsere Furcht vor Gott begraben ist.

Wir haben jeweils unsere eigene Art, dem Thema Tod und Sterben aus dem Weg zu gehen. Manche von uns werden zu »Workaholics« (Arbeitsfanatikern) und füllen ihre Tage und Nächte mit einer endlosen Menge von Aktivitäten aus, die ihre Ängste beschwichtigen – wenigstens für eine Weile. Obgleich wir den Anschein erwecken, dass wir erfolgreich sind und viel erreicht haben, können wir dennoch Menschen sein, die ihre Emotionen und Gefühle überhaupt nicht spüren.

Oft versuchen wir, unsere Angst vor dem Tod dadurch in den Griff zu bekommen, dass wir die Ereignisse und Menschen in unserem Leben zu kontrollieren versuchen, als ob die Fähigkeit, jede Situation in die Hand zu nehmen, uns wie durch einen Zauber gestatten würde, auch unser Schicksal zu kontrollieren.

»Mit freundlichen Grüßen…«

Es bringt mich etwas in Verlegenheit, Ihnen mitzuteilen, wie ich einst über Tod und Sterben dachte, aber Sie sollen wissen, dass ich die ersten fünfzig Jahre meines Lebens eine entsetzliche Angst vor dem Tod hatte. Meinem Vater ging es genauso. Ich erinnere mich, dass mein Vater damals nach der Beerdigung seiner Schwester einen Wasserschlauch vor dem Bestattungsinstitut fand und stehen blieb, um sich die Hände zu waschen. Sein Benehmen schockierte mich, und ich fragte ihn, warum er das tue. Er antwortete: »Es ist ein Aberglaube aus der Alten Welt, dass man sich die Hände waschen soll, wenn man bei einem Begräbnis war, damit man nicht der Nächste ist, der sterben muss.« Er hatte solche Angst, dass er nicht warten konnte, bis er zu Hause war, um sich auf diese Weise zu schützen!

Als ich mich für einen Atheisten hielt, bekam ich noch mehr Angst vor dem Tod. Nachdem meine zwanzigjährige Ehe, wie bereits in diesem Buch erwähnt, 1973 in die Brüche ging, wandte ich mich dem Alkohol zu, um meine Schuldgefühle und meinen Schmerz zu betäuben. Meine Seele war so gebrochen, dass ich, während ich mich zu Tode trank, immer noch eine Heidenangst vor dem Tod hatte.

Wir alle haben wohl schon von den Unternehmen gehört, die einen Leichnam »einfrieren« wollen, und falls eine neue Droge – vielleicht sogar der magische Jungbrunnen – entdeckt würde, könne man sich »auftauen« und herrichten lassen und sein Leben wieder aufnehmen. Als ich erstmals von einer solchen Prozedur las, war meine Todesangst so extrem, dass ich von diesem Gedanken getröstet wurde. Obwohl ich selbst nichts in diesem Sinne verfügte, schien es mir doch eine gute Idee zu sein!

Unsere Angst vor dem Tod loslassen

Ich werde dem siebenjährigen Jungen immer dankbar sein, der während der Morgenvisite am Medical Center der Universität von Kalifornien den Onkologen fragte: »Wie ist das, wenn man stirbt?« Der Onkologe wechselte schnell das Thema, und ich erkannte, dass er vermutlich zu viel Angst hatte, als dass er mit einer so tiefen und sinnvollen Frage hätte umgehen können – einer Frage, die früher oder später jedem auf der Seele liegt. Gewiss war es eine, mit der auch ich mich herumschlug. Ich entdeckte später, dass viele Kinder an diesem Krankenhaus aufrichtige und furchtlose Gespräche über den Tod mit Leuten wie der Putzfrau führten, die den Boden aufwischte und unbelastet war von akademischen Titeln oder Meinungen, worüber Kinder reden sollen und worüber sie nicht reden sollen.

Das Zentrum für Innere Heilung ist zum Teil wegen dieser Frage eines kleinen Jungen gegründet worden, doch um diese

Zeit hatte meine Glaubenseinstellung sich dramatisch verändert. Ich sage oft, dass das Zentrum für Menschen wie mich eingerichtet wurde, die bereit waren, von Kindern mit lebensbedrohenden Krankheiten zu lernen, dass es eine andere Art gibt, den Tod und das Leben zu betrachten.

An unserem Zentrum in Sausalito sorgen wir in unseren Basisworkshops für Innere Heilung immer für eine starke Erfahrung in der Einübung des Todes. Wir teilen unsere Workshops in Gruppen von zehn Personen ein und bitten jede Gruppe zu entscheiden, wer den sterbenden Patienten, seine Mutter, seinen Vater, seine Tochter, seinen Sohn, Freund usw. darstellen soll.

Wir bitten jede Gruppe, sich mit ihrer Phantasie so hineinzuversetzen, dass die Erfahrung eine wirklich echte wird. Die Tatsache, dass wir in diesem Prozess ganze Schachteln von Papiertüchern verbrauchen, zeigt, dass die meisten Teilnehmer wirklich mit ihren Gefühlen in Berührung kommen und sie zum Ausdruck bringen.

Jedes Mitglied der Gruppe beginnt herauszufinden, wo genau seine Todesängste lokalisiert sind. In einer Sitzung meldete ein fünfzigjähriger Mann sich für die Rolle des Sohnes und sagte uns später, dass seine Mutter, zu der er eine gestörte Beziehung hatte, in einer anderen Stadt im Sterben lag. Er ließ die Gefühle des Zorns heraus, die er noch aus der Vergangenheit hegte, doch am Ende des Workshops drückte er die Überzeugung aus, dass die Beziehung zu seiner Mutter eine ganz andere geworden sei. Die Erfahrung hatte bewirkt, dass er einsehen konnte, wie wichtig Vergebung war, und dass er daran arbeiten konnte, seinen Zorn loszulassen.

Während eines anderen Workshops meldete sich eine Frau, bei der vor kurzem Krebs diagnostiziert worden war, für die Rolle der sterbenden Patientin. Sie äußerte, dass ihre Erfahrung in der Gruppe ihr die Möglichkeit gegeben habe, mit Gefühlen in Berührung zu kommen, deren sie sich nicht bewusst war. Sie konnte mit ihnen klarkommen, und nun schien ihre Angst vor dem Tod wie weggeblasen.

Es ist immer wichtig, unsere Menschlichkeit und unsere menschlichen Gefühle anzuerkennen und zu würdigen, denn wie Sie sehen, bekommen wir dadurch die Möglichkeit, eine größere Wirklichkeit zu erkennen. Deshalb ist es ebenso wichtig, unsere menschlichen Gefühle nicht abzukapseln und uns nicht innerlich an sie zu klammern, als ob sie alles wären, was wir sind.

Innere Heilung erkennt die Wahrheit unserer gemeinsamen Identität an – einer Identität, die nicht im Körper enthalten ist, die unwandelbar und ewig ist, einer Identität, die den Tod nicht fürchtet, weil sie ihren Daseinszweck und ihren Sinn durch die Liebe empfängt.

Jenseits des Körpers

Eine unserer Lehrmeisterinnen war ein Mädchen namens Jennifer, das wegen einer Abnormalität seiner Niere jahrelang zur Dialyse ging. Sie schloss sich eng an Diane an und begann, die Prinzipien der Inneren Heilung in ihr Leben zu integrieren. Ihre Krankheit nötigte sie, schrecklich viel Zeit im Krankenhaus zu verbringen, und dort entdeckte sie ihre Lieblingsbeschäftigung, nämlich anderen Kindern zu helfen, mit ihren Ängsten fertig zu werden.

Kurz bevor sie starb, trat Jennifer zusammen mit anderen Schwerkranken in einem Fernsehprogramm auf. Jedem wurde die Frage gestellt: »Wenn Sie wüssten, dass Sie nur noch eine Woche zu leben haben, wie würden Sie diese Tage verbringen?«

Als Jennifer an die Reihe kam, sagte sie, dass sie alle Menschen, zu denen sie eine heilungsbedürftige Beziehung habe, anrufen und ihnen vergeben würde. Sie fügte hinzu, dass sie lieber mit einer Krankheit durchs Leben gehen als gesund sein wolle, wenn sie dabei nur an sich dächte.

Wir sehen, was wir glauben

Nachdem wir die vergangenen fünfundzwanzig Jahre damit verbracht haben, mit Kindern und Erwachsenen, die mit der Möglichkeit des Todes konfrontiert waren, zu arbeiten und von ihnen zu lernen, bin ich jetzt von ganzem Herzen und ganzer Seele davon überzeugt, dass es keinen Tod gibt, weil unsere wahre Identität nicht auf einen Körper beschränkt ist. Für mich ist der Körper nur das vergängliche Gehäuse unserer Seele, die ewig und unsterblich ist. Jeden Morgen sprechen Diane und ich das folgende Gebet aus *Ein Kurs in Wundern®*, weil es uns an unsere wahre Identität mahnt:

Ich bin kein Körper.
Ich bin frei.
Denn ich bin nach wie vor, wie GOTT mich schuf. *

Ich will den Frieden GOTTES.
Der Frieden GOTTES ist alles, was ich will.
Der Frieden GOTTES ist mein eines Ziel,
das, worauf mein ganzes Leben abzielt hier,
das Ende, das ich suche,
mein Sinn und Zweck, meine Funktion und mein Leben,
solange ich dort weile, wo ich nicht zu Hause bin. *

Wer an den Tod glaubt, nimmt an, dass der Körper unsere einzige Wirklichkeit ist. Wenn wir uns täglich in Erinnerung rufen, dass unsere Identität nicht aus unserem Körper besteht und dass unser einziges Ziel der Friede Gottes ist, öffnen wir unser Herz der Wahrheit unseres wahren Wesens, und das Licht Gottes durchströmt jede Faser unseres Seins.

Wenn Sie die Verhaftung an Ihren Körper loslassen wollen, können Sie versuchen, über Ihre Sinne hinauszublicken, indem Sie sich sozusagen einen »Liebesfilter« über Ihren Augen und Ohren vorstellen, so dass Sie nur Liebe sehen und hören. Wenn wir Nörgler werden, fühlen wir uns sofort getrennt und identifizieren uns mit unserem Körper, der die Quelle unserer Angst ist. Als Menschen, die Liebe suchen, identifizieren wir uns mit unserem spirituellen Selbst und erfahren unsere Verbundenheit mit dem Ewigen.

Ich bin das Licht

Etwas Einzigartiges geschieht, wenn wir am Morgen aufwachen und uns erinnern, dass wir das Licht der Welt sind.

Wenn wir wahrhaft glauben, dass unser Lebenszweck darin besteht, aus diesem Licht zu strahlen und nur dieses Licht in anderen zu erblicken, beginnen wir, Freude, Frieden und Glück zu empfinden. Doch wenn wir Einssein mit anderen und dem Höheren, das uns geschaffen hat, erleben wollen, ist es von entscheidender Bedeutung, dass wir über den Körper und die äußere Erscheinung der Menschen hinausblicken. Wenn wir diese fröhliche Lektion einüben, beginnt unsere Angst vor dem Tod sich aufzulösen, bis sie nur noch eine ferne Erinnerung an eine andere Zeit ist.

Gibt es ein Rezept für das Sterben?

Ich glaube nicht, dass es ein Rezept gibt, wie man sterben soll. Leider sind viele der Meinung, dass man nach einer bestimmten Formel oder einem Drehbuch durch den Prozess des Sterbens gehen soll. Viele von uns möchten, dass der Sterbende seine letzten Tage so friedlich und schmerzlos wie möglich erlebt. Manche meinen, dass sie versuchen sollen, den Sterbenden zu Gott zu führen, oder wir möchten, dass sie einem bestimmten Plan folgen.

Am Zentrum halten wir es für sehr wichtig, dass wir keinem Sterbenden irgendetwas vorschreiben. Wir haben gelernt, dass das wichtigste Geschenk, das wir einem sterbenden Menschen machen können, darin besteht, seinen Standort voll und ganz zu akzeptieren. Außerdem weiß ich, dass das, was wir sagen, nicht annähernd so wichtig ist wie unsere Bereitschaft, zuzuhören, ohne zu urteilen, und vollkommen da zu sein.

Wenn ich bei einem Sterbenden bin, wende ich mich innerlich an die Quelle, die uns verbindet, um zu erfahren, was ich sagen oder tun soll. Meistens lautet die Botschaft, dass ich einfach »da sein und nichts tun« soll. Das bedeutet gewöhnlich, dass ich die Stille zulassen oder vielleicht sanft die Hand dieser Person halten und ihr einen stillen Segen der Liebe und des Annehmens zukommen lassen soll.

Zu anderen Zeiten erhalte ich etwa die Weisung, eine Tür zu öffnen, wenn die Person mit einer Sache nicht im Reinen ist, die Vergebung erfordert. Ohne Frage kann der Prozess des Vergebens für viele Menschen, die dem Tod entgegensehen, von äußerster Bedeutung sein – für sie selbst, ihre Familien und andere, die mit betroffen sind. Andererseits ist der Mensch vielleicht einfach noch nicht so weit oder ist an Gesprächen in dieser Richtung nicht interessiert. Ich halte es für unendlich wichtig, dass wir einander Türen öffnen, aber wir dürfen einen anderen niemals durch diese Tür drängen oder zerren. Es muss immer von ihm selbst ausgehen und eine völlig freie Entscheidung sein.

Gegenwärtig sein

Wenn es etwas gibt, das ich von den vielen Lehrmeistern am Zentrum gelernt habe, dann dies: wie ungeheuer wichtig es ist, gegenwärtig bedingungslose Liebe zu geben – ob das nun heißt, dass ich die Stille zulasse oder einfach Hilfe gebe, so gut ich kann. Ich habe auch gelernt, dass mein eigener innerer Friede und meine Furchtlosigkeit entscheidend sind, wenn ich Liebe und Annehmen schenke. Dass so viele Menschen mir erlaubt haben, diesen intimen Raum ihres Herzens zu betreten, war etwas Heiliges für mich, ein kostbares Geschenk. Jeden Morgen, wenn ich erwache, schätze ich mich glücklich, dass mir vergönnt ist, diese Arbeit zu tun. Geben zu können und Liebe zu empfangen ist ein Segen, der über Worte hinausgeht.

18

Mit Liebe antworten

Haben wir unsere Verbundenheit mit anderen einmal erfahren, dann möchten wir uns in all unseren Begegnungen aus dem inneren Frieden heraus zu ihnen verhalten.

Der zwölfte und letzte Grundsatz der Inneren Heilung lautet: *Wir können uns selbst und andere immer als Menschen sehen, die Liebe geben oder um Hilfe rufen.*

Statt Zorn und Angriff wahrzunehmen, ist es uns möglich, darin einen Hilferuf zu erkennen und mit Liebe darauf zu antworten.

Wenn wir beschließen, unsere Wahrnehmung anderer zu verändern und sie als Menschen zu sehen, die entweder liebevoll sind oder uns angsterfüllt einen Hilferuf schicken, dann können wir die Wahl treffen, uns aus unserer Verbundenheit heraus und aus Liebe zu ihnen zu verhalten. Das macht uns frei, die Gegenwart von Frieden zu empfinden.

Wenn wir jedoch weiterhin glauben, dass ein »Angriff« von außen kommt, werden wir immer einen Weg finden, uns zu verteidigen und zu einem Gegenangriff überzugehen. Statt andere als Angreifer wahrzunehmen, können wir lernen, in ihnen Menschen zu sehen, die Angst haben und um Liebe bitten. Diese Art der Betrachtung erfordert Übung und Disziplin, sie lässt sich jedoch erwerben. Wenn wir aus dem Spiel »Angriff-Verteidigung-Angriff« aussteigen, haben wir die Möglichkeit, einen wunderschönen Ort in unserem Herzen zu berühren, wo wir die Wahrheit erkennen und aus der Liebe antworten.

Wenn wir daran denken, dass es nur zwei Emotionen gibt – Furcht und Liebe –, wird das Leben weniger kompliziert. Wenn wir einen Menschen sehen, der aus Zorn und einer urteilenden Haltung heraus agiert, erkennen wir, dass er Angst hat und unsere Liebe und unseren Beistand braucht. Keinem zornigen oder aufgewühlten Menschen ist jemals mit noch mehr Zorn und Angriff geholfen worden. Liebe ist wahrhaftig die große Heilkraft auf dieser Welt.

Lektionen im Iran

Ich erzähle diese Geschichte gern, weil sie den Unterschied zwischen der Entscheidung für Angst und der Entscheidung für Liebe so hervorragend illustriert. Im Jahre 1996 wurden Diane und ich eingeladen, im Iran Vorträge zu halten. Fünf unserer Bücher waren dort bereits veröffentlicht worden, und es war vorgesehen, dass wir am Krebs-Institut sprechen. Weil es im Iran keine amerikanische Botschaft gibt, versuchten viele unserer Freunde, uns diese Reise auszureden, indem sie die Furcht ausdrückten, dass wir ins Gefängnis geworfen werden könnten, wenn wir etwas Falsches sagten.

Trotz dieser wohl gemeinten Warnungen riet uns die innere Führung, dass wir fahren und uns dafür entscheiden sollten, friedvoll statt angstvoll zu sein. Als wir zu unserem

Hotel kamen, wurden wir am Eingang von einem großen Spruchband begrüßt mit der Aufschrift »Nieder mit den Amerikanern!«. Der Angestellte an der Rezeption war jedoch außerordentlich freundlich und sagte, wir seien die ersten Amerikaner, die seit Jahren hier abstiegen.

Als wir am nächsten Tag in den Vortragssaal kamen, war das Auditorium voll. Wir sollten unseren Vortrag in Englisch halten, doch unmittelbar bevor wir zu sprechen begannen, wies unser Dolmetscher auf einen hoch gewachsenen Mann mit schwarzem Turban und sagte, dass er von der Regierung beauftragt sei, aufzupassen, dass wir »nichts Falsches sagten«. Nachdem ich eine Weile gesprochen hatte, spürte ich, dass meine Rede Anklang fand. Dann bemerkte ich zufällig, dass der »Regierungsbeauftragte« sich stirnrunzelnd und mit zorniger Miene Notizen machte. Mein ganzes Konzept von Innerer Heilung flog zum Fenster hinaus. Ich bekam es mit der Angst zu tun und befürchtete schon, dass Diane und ich im Gefängnis landen würden. Ich hatte den Eindruck, dass Diane dasselbe empfand.

Nachdem ich meinen Ängsten einige Minuten freien Lauf gelassen hatte, dachte ich an den zwölften Grundsatz und beschloss, diesen Mann für einen Menschen zu halten, der voll Angst war und um Hilfe rief. Im Stillen begann ich, ihm Liebe zu senden, aber es ging mir nicht darum, ihn zu veranlassen, sein Verhalten zu ändern, und das tat er auch nicht. Trotzdem fühlte ich mich jetzt viel friedvoller.

Als wir unseren Vortrag beendet hatten, gab der Direktor des Instituts eine zehnminütige Zusammenfassung in Farsi, der Nationalsprache des Iran. Als er fertig war, kamen viele Menschen nach vorn, um uns die Hand zu schütteln und uns zu sagen, wie sehr ihnen unsere Rede gefallen hatte. Plötzlich stand der »Regierungsbeauftragte« direkt vor uns. Er hatte seinen eigenen Dolmetscher dabei. Er begann sich zu entschuldigen, dass er kein einziges Wort Englisch verstehe und während unseres ganzen Vortags frustriert gewesen sei, aber er wolle uns mitteilen, wie sehr er von der Übersetzung in Farsi angetan sei, denn er stimme allem zu, was wir gesagt hatten. Er fügte hinzu, dass er hoffe, unsere Botschaft würde viele Menschen im Iran erreichen.

Was ich als Zorn und die Möglichkeit eines Angriffs wahrgenommen hatte, war einfach die Projektion meiner eigenen Ängste!

Wir hielten noch einige andere Vorträge im Iran und fanden durchgehend, dass die Menschen freundlich und hilfsbereit waren. Für mich war diese Erfahrung eine eindrucksvolle Demonstration des zwölften Grundsatzes.

Eine Lektion aus Peru

Als wir vor einigen Jahren in Peru Vorträge hielten, nahmen Diane und ich uns zwei Tage frei für eine Bergwanderung in den Anden. Ich war auf der Suche nach einem Schamanen. Diese Gelüste hatte ich von meinem ältesten Bruder Les, der schon verstorben ist, aber eine längere Zeit in Peru verbracht hatte. Les war Biochemiker, der in Peru an Orte kam, die den meisten Amerikanern gänzlich unbekannt waren. Er pflegte in entlegene Dörfer zu gehen und sich bei den Schamanen nach den Pflanzen zu erkundigen, die sie zur Heilung verschiedener Krankheiten verwendeten, insbesondere Geisteskrankheiten und Krebs, und dann nahm er diese Pflanzen in die Vereinigten Staaten mit, um sie zu studieren.

Ziemlich hoch oben in den Bergen fanden wir einen Schamanen, der in seinem Dorf ein Heiler war. Mit Hilfe eines Dolmetschers fragte ich ihn, wie man bei ihnen geistige Krankheiten behandelte. Zu meiner größten Überraschung sagte er, dass nach ihrem Dafürhalten Menschen mit Geisteskrankheiten an Angst und einem Mangel an Liebe leiden, und so geben sie ihnen einfach Liebe.

Ich stellte eine weitere Frage: »Was geschieht mit Geisteskranken, die so zornig sind, dass sie andere angreifen und sich destruktiv verhalten? Schickt ihr sie in die Stadt hinunter ins Krankenhaus?« Wiederum verblüffte mich seine Antwort. Er erwiderte: »Nein. Wir schicken unsere Leute niemals in ein Krankenhaus für Geisteskranke. Wir glauben, dass die Geisteskranken, die zornig und destruktiv sind, an einem noch tieferen Mangel an Liebe leiden. Unsere Behandlung für sie ist, ihnen noch mehr Liebe zu geben.«

Während ich erwartet hatte, etwas ganz anderes zu finden, entdeckte ich, dass es hoch in den Anden Menschen gab, die Innere Heilung praktizierten und den zwölften Grundsatz in einer sehr profunden Weise demonstrierten.

19
Das Beispiel der Liebe

Die Familie Aberi unterschied sich von anderen Familien im Zentrum in mancherlei Hinsicht: Die Mutter, Mary, gebar einen Sohn, nachdem festgestellt worden war, dass sie Krebs hatte, und außerdem nahmen die Großeltern aktiv am Zentrum teil, so dass wir zu drei Generationen eine Beziehung hatten. Von allen Familien, mit denen ich gearbeitet habe, hat mir vielleicht keine andere eine so tiefe Erfahrung der verschiedenen Stufen des Lebens vermittelt wie diese. Sie lehrte mich, Geburt und Tod auf neue Weise zu sehen und was es bedeutet, Eltern und Großeltern zu sein. Die Gelegenheit, an dieser Großfamilie teilzunehmen, war eine der wichtigsten Erfahrungen meines Lebens.

Mary Aberis Leben war ein Beispiel all dessen, worüber ich in diesem Buch gesprochen habe. Ihre Liebe erreichte – und erreicht immer noch – viele Menschen.

Mary wurde durch ihren Arzt an mich verwiesen, als sie dreißig Jahre alt war. Zur Zeit unserer Begegnung war ihr Sohn Matty anderthalb Jahre alt und der Sonnenschein in Person. Ihr Ehemann George, ein Manager bei IBM, war gut aussehend, sensibel und liebte sie sehr. Sie hatten bis zu Marys Empfängnis acht Jahre gewartet, und ihre Schwangerschaft wurde sehr gefeiert. Während der ersten Monate steigerten sich ihre natürliche Schönheit und Vitalität sogar noch mehr.

Im sechsten Monat wurde Brustkrebs festgestellt, und im siebenten Monat musste die Brust amputiert werden. Eine Knochenprobe ergab einen negativen Befund, und die Prognose war optimistisch.

Matty, der ein sehr gesundes Baby war, kam mit Kaiserschnitt zur Welt. Er war so schön und strahlend, dass einige ihrer Freunde ihn »Christkind« nannten. Mit einem Teil ihres Herzens jubelte Mary, aber ein anderer Teil hatte Angst, dass sie vielleicht nicht lange genug leben würde, um ihn heranwachsen zu sehen und die Erfüllung all dessen zu erleben, was sie für ihn erträumte.

Bis Matty sechs Monate alt war, schien es Mary ganz gut zu gehen, aber dann griff der Krebs auf ihre Knochen über. Sie bekam Chemotherapie und verlor ihre Haare. Sie begann Schmerzen zu empfinden, die Medikamente offenbar nicht lindern konnten. Ihre Familie war nun in großer Sorge, und um diese Zeit wurde sie an mich verwiesen.

Schon bei unserer ersten Begegnung fühlte ich mich zu Marys Licht hingezogen. Sie leuchtete spirituell, und ich wusste sofort, dass sie eine wichtige Lehrmeisterin für mich werden würde. Eine innere Schönheit, Frieden und bedingungslose Liebe gingen von ihr aus. Ich kann diese Empfindung nicht angemessen beschreiben.

Anfangs trafen wir uns zweimal wöchentlich in meinem Sprechzimmer, und dienstagabends nahm sie an einer Heilgruppe für Erwachsene im Zentrum teil. Als die Zeit verging und ihr physischer Zustand sich verschlechterte, besuchte ich sie fast täglich zu Hause, und wenn ich sie nicht besuchte, telefonierten wir miteinander. Ich erfuhr, dass sie sich in jüngeren Jahren von ihrem Glauben abgewandt hatte und wegen der scheinbaren Ungerechtigkeit ihrer gegenwärtigen Lage jetzt innere Kämpfe mit Gott ausfocht. Wir wurden enge spirituelle Weggefährten und Psychotherapeuten füreinander. Mary erzählte mir ihre Probleme, und ich erzählte ihr die meinen. Später verbrachten wir viel Zeit im gemeinsamen Gebet. Wir wurden Zeugen des Lichtes Gottes im anderen, auch dann, wenn es uns schwer fiel, dieses Licht selbst in uns zu sehen. Auch die übrigen Mitglieder der Familie Aberi nahmen mich auf. Ich war oft bei ihnen zu Tisch, spielte mit Matty, gewann George lieb und wurde von ihm und Mattys Großeltern geliebt.

Patsy Robinson, Carleita Schwartz, Jonelle Simpson und viele andere von unserem »Person to Person«-Programm besuchten Mary regelmäßig. Jede von ihnen drückte auf ihre Weise aus, dass sie dabei mehr empfangen als gegeben hatte. Niemand vermochte wirklich zu sagen, was in ihrer Gegenwart geschah, aber ich weiß, dass wir alle den Frieden Gottes erlebten.

Mary wurde aktiv in unserem Telefonnetz. Sie schenkte Mut, Hoffnung und Liebe in Fülle und half anderen, mit ihren Schmerzen fertig zu werden, und lernte außerdem, die Innere Heilung anzuwenden, um ihre eigenen Beschwerden zu lindern. Es lag etwas in ihrer Stimme, was den Hörenden selbst über das Telefon mit Frieden erfüllte.

In dieser Zeit suchte mich Shari Podersky, eine junge Frau aus Vancouver, wegen eines Gehirntumors auf, der sich bei ihr entwickelt hatte, und ich legte ihr nahe, Mary zu besuchen. Als sie zurückkam, sagte sie, sie brauchte kein Flugzeug, um nach Hause zu fliegen, denn sie »schwebe über den Wolken«. Später begann auch Shari, über das Telefon Hilfe zu leisten. Die Bindung, die sie zu Mary empfand, entfaltete sich und wurde zu einem Kreis der Liebe, der sich immer weiter ausdehnte.

Ich erinnere mich an einen Abend im Krankenhaus, als Mary alle vier Stunden eine hohe Morphiumdosis gegen ihre starken Schmerzen bekam. Sie schlief, als ich ankam, und so hielt ich nur schweigend ihre Hand und betete. Plötzlich läutete das Telefon. Die Telefonzentrale teilte mir mit, dass es ein Notruf für mich sei. Es war ein Mann aus Wyoming mit Lungenkrebs, der Schmerzen hatte und um Hilfe bat. Das Telefon hatte Mary aufgeweckt, und sie hörte mein Gespräch mit. Sie wollte selbst mit dem Mann reden. Als sie ihre Liebe mitteilte und ihm ein paar einfache Vorstellungsbilder empfahl, sah ich, wie das Blut wieder in ihre Wangen schoss, und in diesem Augenblick war sie ein Bild blühender Gesundheit.

Als sie sechs Monate danach wieder im Krankenhaus war, hatte sie als Zimmergenossin eine krebskranke Frau, die im Sterben lag und vermutlich nur noch wenige Tage zu leben hatte. Als ich ankam, bat Mary mich, mit der Frau und ihrer Familie zu sprechen. Ich weiß nicht mehr, was ich sagte, aber ich erinnere mich an das, was sie sagten. Sie vertrauten mir an, dass Mary ihnen wie ein wahrer Engel vorgekommen sei und dass sie ihnen geholfen habe, ihre Angst und Verzweiflung loszulassen.

Mehr als wohl irgendein anderer Mensch, den ich je kannte, traf Mary die Wahl, sich nicht mit ihrem Körper zu identifizieren. Stattdessen glaubte sie an die spirituelle Realität als ihr wahres Wesen, und sie erfasste, wie wichtig es war, in der Gegenwart zu leben. So empfand sie einen Frieden, der sich jedem Menschen in ihrer Umgebung mitteilte. Indem sie Frieden gab, konnte sie ihn selbst erfahren. Sie war eine lebendige Verkörperung des Prinzips, dass Geben ein Empfangen ist.

Am wichtigsten von den vielen Dingen, die Mary und ich einander lehrten, war, dass Worte nicht nötig sind. Die besten

Augenblicke, die wir miteinander verbrachten, waren die schweigenden, wenn wir uns an der Hand hielten und beteten und dafür dankten, dass wir in der Gegenwart Gottes waren und die Grenzenlosigkeit Seines Friedens und Seiner Liebe empfanden. Als ihr Vertrauen zu Gott wuchs, strahlte sie Frieden aus, und ihre Familie begann, ihre Angst zu verlieren.

Eines Abends verließ ich Marys Haus gegen halb elf Uhr. Sie war schwach, konnte aber noch sprechen und war voll Frieden. Um zwei Uhr nachts erhielt ich einen Anruf von George mit der Nachricht, dass sie im Koma lag. Ich kehrte sofort zurück. Die gesamte Familie war anwesend. Ich wusste, was Gott und Mary von mir verlangten. Ich sollte meinen eigenen Frieden allen anderen mitteilen, damit wir ihr Licht sehen und uns nicht mit ihrem Körper identifizieren würden. Ich wusste, dass sie gewartet hatte, bis ich kam, damit ich ihrer Familie bei diesem Übergang Beistand leisten konnte. Mary starb um vier Uhr früh.

Eine Woche später feierten wir zum Gedenken an Mary ein Fest des Lebens in unserem Zentrum. Jeanne Carter, eine Mitarbeiterin, sagte: »Immer wenn ich einen schwierigen Tag hatte, ging ich in der Mittagspause zu Mary, sie hatte eine so bemerkenswerte Fähigkeit, den Kern einer Situation zu durchschauen, den ganzen Mist loszuwerden, und sie half mir in einer so sanften, liebevollen Art, einzusehen, dass doch alles ganz in Ordnung war. Ich kam immer mit einem Glücksgefühl, leicht und voll Freude, zurück. Sie hatte eine bemerkenswerte Gabe, alles Unwesentliche wegzuräumen, und wenn ich dann den Kern des Problems anschaute, war es nicht mehr da. Sie war ein wunderbarer Mensch. Eines Tages war meine Tochter Janet zu Besuch hier, und Mary wollte sie kennen lernen. Sonst empfing sie niemanden mehr, den sie nicht kannte, aber sie wollte Janet sehen. Also fuhr ich zu ihr, und wir gingen hinein. Mary verlor wieder ihre Haare, sie wirkte aufgeschwemmt, und wenn man nur den Körper ansah, war sie wahrscheinlich nicht sehr schön, aber ihr Strahlen war wunderbar. Als wir gegangen waren, widerstand ich der Versuchung, meine Tochter zu fragen, was sie von Mary hielt, weil alle so viel von ihr hielten, aber Janet sagte spontan: ›Sie ist die schönste Frau, die ich je gesehen habe‹, und das war es auch, was man in Mary sah – ihre Schönheit.«

Eine andere Mitarbeiterin, Patsy Robinson, sagte mit Bezug auf den oben erwähnten Besuch von Shari Podersky: »Mary saß da und sprach mit dieser Frau, und ich hörte einfach zu. Es war, als würde Gott durch Mary sprechen. Sie sagte die wunderbarsten Dinge zu Shari, und es fand eine ›Transformation‹ statt, wie wir es nennen. Vielleicht gebrauchen wir das Wort zu leichtfertig, aber ich sah es mit meinen Augen. Ich sah, wie diese Frau von einem unglaublichen Zustand der Angst in einen Zustand des Friedens versetzt wurde. Und Marys Frieden erreichte auch mich. Sharis Mutter und Vater saßen auf einer Klavierbank und hörten zu, und plötzlich beugte ihr Vater sich vor und berührte mich. Mary war ganz in ihr Gespräch mit Shari versunken. Er hatte Tränen in den Augen und sagte: ›Ich kann es nicht fassen, was hier geschieht.‹«

Shari drückte ihre Gefühle folgendermaßen aus: »Meine Bekanntschaft mit Mary war zunächst ganz überraschend. Patsy sagte, dass es eine wunderbare, prachtvolle Frau gebe, die ich kennen lernen müsse, und sie telefonierte mit Mary, die uns kommen ließ. Meine Eltern und ich fuhren hin.

Wir kamen herein, und sie begrüßte uns. Ihr kleiner Junge schlief in seinem Laufställchen. Ich betrat ihr Zimmer, und es war voll Frieden. Ich war nämlich – es bewegt mich noch immer sehr, wenn ich davon spreche – zum ersten Mal an einem wirklich friedlichen Ort. Ich hatte damals nicht viel inneren Frieden. Dann setzte sie sich und fing einfach an, zu sprechen und zu lehren. Sie strahlte die ganze Zeit. Ich glaube, es war die ergreifendste Erfahrung, die ich je gemacht habe. Ich weiß nicht, was ich euch noch sagen soll. Ich glaube, sie ist wunderbar.«

An dem Tag riefen wir John in Wyoming an. John war der Mann in Not, mit dem Mary damals an dem Abend gesprochen hatte, als ich bei ihr im Krankenhaus war. Er sagte über Mary: »Von Mary lernte ich, dass alles seinen Sinn hat, auch wenn wir ihn vielleicht nicht verstehen. Dass alles richtig ist. Ich rief sie oft an, wenn es mir wirklich schlecht ging, und sie hatte eine Art, zu antworten, die mir einsehen half, dass die Welt in Ordnung war und dass die Dinge, die uns beiden zustießen, nicht tragisch waren. Manchmal sprachen wir sogar von Begräbnissen, ohne dabei albern zu sein, und dann lachten wir über diesen ganzen Begriff des Sterbens und wie wichtig es für uns war, ein schönes Begräbnis zu haben – ohne dass wir morbid sein wollten, verstehen Sie.

Vom ersten Gespräch an, das ich mit ihr in dem Zimmer führte, schien es zwischen uns zu klicken – ich weiß nicht, ob psychisch oder spirituell –, und es war, als ob zwei alte Freunde, die sich lange nicht gesehen hatten, sich eben wieder gefunden hatten. Als unsere Beziehung enger wurde, riefen wir uns gegenseitig manchmal an, wenn wir es beide nötig hatten zu sprechen und aneinander gedacht hatten. Mary sagte oft: ›John, du bist mein Lehrer. Ich lerne so viel von dir.‹ Und sie machte es mir möglich, wieder Hoffnung zu haben.«

Ein leuchtendes Vorbild

Für mich ist Mary Aberi der Inbegriff Inneren Heilens. Sie tat ihr Möglichstes, nicht nur an Gott zu denken, sondern zuzulassen, dass Gottes Licht sich durch sie ergoss, so dass alle es sehen und daran teilhaben konnten. Sie hatte sich entschieden, sich nicht mit ihrem Körper, nicht mit ihrer Ego-Persönlichkeit zu identifizieren. Sie demonstrierte, dass wir, solange wir atmen, auf der Erde sind, um ein Kanal für Gottes Segen zu sein, um unseren Mittelpunkt nur in der Liebe zu finden und auf diese Weise anderen zu dienen. Sie wusste, dass der Tod eine Illusion und das Leben ewig ist. Sie wusste auch, dass der Geist nicht vom Körper begrenzt ist und dass das Leben nicht mit dem Körper identisch ist. Das war für Mary mehr als nur ein Glauben. Es war eine tiefe Überzeugung in ihrem Herzen, die auch andere überzeugte.

Mary und die anderen, von denen in diesem Buch die Rede war, haben demonstriert, dass nichts in der materiellen Welt so wichtig ist wie die Liebe in unserem Herzen. Diese Liebe allmählich und in immer stärkerem Maße freizusetzen ist unsere einzige Aufgabe.

Möge das Andenken an Mary uns sanft, leise und oft daran erinnern, dass unser wahrer Geist nur Gedanken der Liebe und des Friedens enthält. Alle anderen Gedanken haben wir selbst hervorgerufen, und daher können wir auch beschließen, sie loszulassen. Dazu bedarf es keines inneren Kampfes, sondern lediglich der Einsicht, dass wir lieber Frieden als Konflikt haben und lieber glücklich sein als Recht haben wollen. Es sind diese anderen Gedanken, diese Urteile und Rechtfertigungen, die uns zu dem Glauben verleiten, dass nur das von Bedeutung sei, was unsere körperlichen Sinne uns vermitteln. Diese Gedanken errichten um uns eine Welt, in der wir sterben müssen, eine Welt voller Verzweiflung, eine Welt, in der wir ständig in Gefahr sind, angegriffen oder verlassen zu werden, eine Welt, in der wir voneinander und von Gott getrennt sind. Aber eine solche Welt ist nicht die Wirklichkeit.

Entscheiden wir uns jetzt dafür, der Welt zu vergeben, unserem Körper und allen Menschen zu vergeben, die wir sehen. Entscheiden wir uns dafür, in der wirklichen Welt der Liebe Gottes zu leben und unser eigenes inneres Licht über allem leuchten zu lassen in strahlender Herrlichkeit. Erfahren wir die Freude, die daher kommt, dass wir unsere Ängste, unsere Schuldgefühle, unsere Verlegenheiten, unsere Beschwerden und unsere bitteren Hoffnungen loslassen. Verweilen wir einen Moment in der Stille und erleben wir die Nähe Gottes, die Nähe der grenzenlosen, immer währenden Liebe. Gehen wir einen Augenblick in die Stille und lassen wir Gott zu uns kommen und uns in das Zentrum der Liebe zurückführen. Lasst uns jetzt Glück empfinden und die Gewissheit unseres Ziels. Möge das Unwesentliche für immer unwesentlich bleiben. Und möge jene uralte Erinnerung, wer und was und wo wir sind, in unserem Herzen aufsteigen, bis aller Schmerz dieser Welt vergangen ist.

20

Spiritualität und Gott

In diesem letzten Kapitel möchte ich Sie teilhaben lassen an meiner eigenen spirituellen Reise und an meiner Beziehung zu Gott. Gleichzeitig möchte ich klarstellen, dass Sie, wenn Sie in eine der Selbsthilfegruppen unseres Zentrums kommen, selten hören werden, dass ein Gruppenleiter das Wort »Gott« verwendet. Gelegentlich gebraucht vielleicht ein Gruppenmitglied dieses Wort, aber das Zentrum wirbt für keine Religion und bedient sich keines spirituellen Glaubens.

Als ich das Zentrum gründete, vermied ich mit Absicht das Wort »Gott«. Ich fühlte mich selbst noch nicht wohl damit und überlegte mir, dass sein Gebrauch Menschen wohl eher abschrecken würde. Obwohl es klar war, dass das Anliegen unserer Arbeit darin bestand zu zeigen, wie praktikabel es ist, Spiritualität für alle Aspekte unseres Lebens einzusetzen, fühlte ich mich nicht befugt, das Wort »Gott« zu verwenden. Außerdem wollte ich nicht, dass irgendjemand annahm, unsere Tätigkeit sei religiöser Natur. Das Loslassen der Angst war immer ein Ziel in unserem Zentrum, und da viele Menschen mit Gott über Kreuz sind, dachte ich, dass das Reden von Gott die Angst der Menschen eher vergrößern als verringern würde.

Obgleich unsere Arbeit am Zentrum durch und durch spirituell ist, ist das Zentrum keine religiöse Institution. Von Anfang an war unsere Tür offen für Angehörige verschiedener

Religionen oder Religionslose, für Atheisten in gleicher Weise wie für Gläubige. Außerdem sind wir keine Theologen. So machen wir uns zum Beispiel weder stark für den Glauben an eine höhere Macht, noch verpönen wir ihn. Wir sagen den Menschen, dass sie frei sind zu wählen, was sie glauben und was sie in ihren Kopf hineintun wollen, und wir vermeiden ganz bewusst, irgendjemanden ändern zu wollen.

Im Laufe der Zeit haben wir am Zentrum jedoch festgestellt, dass »etwas« in unserem Herzen geschieht, wenn wir anfangen, unser Leben so zu führen, dass wir über uns selbst oder über andere kein Urteil mehr fällen, wenn wir Scham und Schuldgefühle loslassen, wenn wir uns selbst und die Menschen um uns bedingungslos lieben. Dieses »Etwas« ist oft ein Gefühl spiritueller Erfüllung und die Erinnerung, mit allem Lebendigen und dem, was uns geschaffen hat, verbunden zu sein. Für viele Menschen ist dieses »Etwas« die Erinnerung an Gott.

In meinem Kopf und Herzen habe ich persönlich eine große Wende vollzogen, seit ich die erste Ausgabe dieses Buches niederschrieb. Meine Beziehung zu Gott ist nun jenseits allen »Glaubens«. Es geht mir so, dass ich den ganzen Tag Gott zuhöre und mit ihm rede. Sie sagen nun vielleicht, dass mein Tag von Gottesgerede angefüllt sei. Meine Reise vom Atheisten zum absoluten Glauben an Gott erforderte, dass ich bestimmten Aspekten meiner religiösen Erziehung und einigen meiner frühen Lehrer, die nicht das lebten, was sie predigten, vergab sowie meinen eigenen verfehlten Begriffen von Gott. Heute tue ich mein Möglichstes, alle Entscheidungen auf die Stimme Gottes zu gründen, die ich in meinem Inneren höre, und meinen Willen eins zu machen mit dem Willen Gottes. Jetzt ist es so, dass ich mich im Gespräch mit anderen öfters auf Gott beziehe.

Wenn man mit Kindern und Erwachsenen arbeitet, die dem Tod gegenüberstehen, beginnt man, seine alten Ansichten über Leben und Tod zu überdenken und sich Gedanken zu machen, ob es etwas gibt, das größer ist als wir alle – einen Ursprung, der von vielen von uns Gott genannt wird. Dass wir zahlreiche Menschen, die wir lieb gewonnen haben, sterben sahen, hat viele von uns Mitarbeitern am Zentrum überzeugt, dass jeder Mensch mehr ist als ein Körper und dass der Tod nicht das Ende des Lebens bedeutet. Das macht den ersten Grundsatz der Inneren Heilung, »Unser Wesen ist Liebe«, für uns lebendig. Unsere Erfahrung hat uns in zunehmendem Maße gelehrt, dass wir spirituelle Wesen sind, die nur vorübergehend in einem Körper leben.

Ich denke, dass weder ich noch die vielen ehrenamtlichen Helfer in den verschiedenen Zentren für Innere Heilung weiter mit sterbenden Patienten arbeiten könnten, wenn wir daran glaubten, dass der Tod das Ende des Lebens bedeutet. Es wäre einfach zu schmerzhaft. Und ich kannte viele Menschen auf diesem Gebiet, die keinen Glauben daran hatten, dass wir uns auf einer spirituellen Reise befinden, und die tatsächlich aufgehört haben, mit Sterbenden zu arbeiten, weil es zu schmerzhaft für sie war.

Die Kinder, Erwachsenen und ihre Familien, mit denen wir gearbeitet haben, sind in jedem Sinn des Wortes unsere Lehrer geworden. Das erinnert mich daran, dass ich ein Alkoholiker war, als ich das ursprüngliche Zentrum in Tiburon mit aufbauen half. Ich hatte Angst zu sterben, aber ich war auf dem besten Wege, mich zu Tode zu saufen. Und noch immer erklärte ich vehement und stolz, dass ich ein Atheist sei. In meiner Meditation wurde ich jedoch belehrt, dass diese Kinder weise alte Seelen waren, die mir und anderen spirituelle

Wahrheiten beibrachten und eine andere Art, das Leben und den Tod zu betrachten.

Die Arbeit am Zentrum öffnete mein Herz für eine neue Weise des Seins und des Lebens. Ich lernte eine Macht kennen, die viel größer war als ich, eine Macht, die ich begann Gott zu nennen.

Einige Jahre, nachdem wir unser Zentrum in Tiburon aufgebaut hatten, hatte ich einen bedeutungsvollen Traum. Ich befand mich auf dem Plateau eines hohen Berggipfels und bei mir waren fünfzehn verstorbene Kinder, mit denen ich gearbeitet hatte. Wir bewegten uns hüpfend und tanzend im Kreis, voll Freude und Ausgelassenheit. Es war einer von jenen Träumen, die scheinbar Wirklichkeit sind und gar kein Traum. Plötzlich ließen die Kinder meine Hände los und begannen in den Himmel zu schweben, indem sie mir fröhlich zuwinkten. Dann verschwanden ihre Körper, und jeder verwandelte sich auf höchst spektakuläre Weise in einen wunderschönen weißen Lichtstrahl. Der ganze Himmel war daraufhin von Licht erfüllt.

Für mich bedeutete dieser Traum, dass jeder von uns ein Lichtstrahl ist, eine Fortsetzung des strahlenden Lichts der Liebe, das uns geschaffen hat. Es war eine profunde Mahnung, dass wir alle in der Tat das Licht der Welt sind. Es war für mich außerdem eine Bestätigung, dass es keinen Tod gibt und dass diese Kinder und ich auf ewig in Liebe und Licht verbunden sind. Es war eine Mahnung, dass wir viel mehr sind als unser physischer Körper, dass es eine Quelle gibt, die uns führt, und dass die bedingungslose Liebe immer für uns da ist.

Es war für mich eine wunderbare Erfahrung, Eltern zu sehen, die nach dem Tod ihres Kindes ans Zentrum zurückkamen, um anderen Eltern beizustehen, deren Kind vielleicht ebenfalls sterben würde. Ein eindrucksvolles Beispiel ist Cheryl Shohan, die zwei Kinder durch Krebs verlor und später selbst an Brustkrebs erkrankte. Cheryl leitet jetzt das Programm für Heim- und Krankenhausbesuche. Es ist ein Licht in ihr, das niemals aufhört zu leuchten. Dieses Licht reflektiert ihren felsenfesten Glauben an Gott und ihr brennendes Verlangen, sich weiterhin selbst zu heilen, indem sie anderen Hilfe leistet. Sie tut dies durch die Anwendung dessen, was sie aus ihren eigenen schmerzhaften Erfahrungen gelernt hat. Sie gibt Eltern, die meinen, dass sie nie wieder etwas fühlen oder den Tod ihres Kindes nicht überleben könnten, eine Menge Hoffnung.

Es gibt viele Menschen, die ich schätze und bewundere, die sich als Atheisten bezeichnen, und doch sind unter ihnen einige der rechtschaffensten Menschen, die ich kenne. Sie sind gütig, sanft, zärtlich und barmherzig; ohne Urteil über andere; immer bereit, anderen zu helfen. *Das, worum es wirklich geht, sind nicht unsere Begriffe von Gott, sondern ob wir gewillt sind, ein Leben zu führen, das unser Herz mit bedingungsloser Liebe, vollkommener Vergebung und dem Verlangen erfüllt, wirklich zu helfen.*

Es ist tröstlich für mich und schenkt mir Frieden, an einen liebenden Ursprung zu glauben, den ich Gott nenne. Außerdem finde ich den Glauben hilfreich, dass wir unseren Willen lenken können, mit dem Willen Gottes eins zu sein, und dass wir unsere Gedanken, Worte, Entscheidungen und Taten auf die Stimme der Liebe gründen statt auf die Stimme der Furcht. Diese Erfahrung bedeutet Einssein, und ich meine, dass wir zu nichts anderem da sind.

Ich tue mein Bestes, zu allen Zeiten und in jeder Situation

an Gott zu denken. Mein Vertrauen und mein Glaube geben mir Freude, schöpferische Energie und eine Inspiration, die mich mit Seligkeit und Glück erfüllt. Ich glaube, dass ich – wie wir alle – beauftragt bin, Gottes Werk zu tun, und ich kann mir nichts vorstellen, was mir größere Freude machen würde.

Ich weiß, dass es nicht meine Aufgabe ist, Menschen zu ändern, sie von ihrem Glauben abzubringen oder sie zu veranlassen, Gott zu akzeptieren. Wie ich weiter oben sagte, glaube ich, dass wir nur dazu da sind, die Liebe zu lehren, und außerdem denke ich, dass jeder von uns das Licht der Welt ist. Es wird nichts weiter von uns verlangt, als dass wir unser Bestes tun, unser Licht nicht zu blockieren, damit es leuchten kann. Das kann man auch so ausdrücken, dass wir für uns selbst und füreinander Türen öffnen, um die Entscheidungen, die wir treffen, und die Gedanken und inneren Einstellungen, die wir in unser Bewusstsein nehmen, zu überprüfen. Auf diese Weise sind wir füreinander Lehrer und Schüler bzw. umgekehrt.

Es ist meine persönliche Überzeugung, dass in der realen Welt der Liebe Gottes nur die Liebe existiert und sonst nichts. Es ist diese Liebe, die eine Antwort auf alle unsere Probleme, Fragen, Konflikte und Leiden hat. Sie ist es, die der Illusion, dass wir voneinander und von unserem Ursprung getrennt sind, ein Ende setzt.

Noch einmal möchte ich wiederholen, dass Sie in unserem Zentrum nicht viel »Gerede über Gott« hören, sondern eine Atmosphäre der bedingungslosen Liebe, des Angenommenseins und der Vergebung erleben werden.

Epilog

Die folgenden Gedichtzeilen fielen mir einmal nach meiner morgendlichen Meditation ein. Sie verkörpern mein Verständnis dessen, was Innere Heilung ist.

Wenn unsere Botschaft Liebe ist

Jeder kann etwas bewirken,
wenn unsere Botschaft Liebe ist, nicht Furcht,
wenn wir der Gleichgültigkeit ein Ende setzen,
selbstsüchtige Bedürfnisse entlassen.

Jeder kann etwas bewirken,
wenn unsere Botschaft Liebe ist,
wenn wir jeden Tag erwachen,
um einander den Weg zu weisen.

Jeder kann etwas bewirken,
wenn unsere Botschaft Liebe ist,
wenn wir unser Herz verpflichten,
nur mit Barmherzigkeit zu schlagen,
wenn wir füreinander Sorge tragen
als unsere einzige Leidenschaft.

Jeder kann etwas bewirken,
wenn unsere Botschaft Liebe ist,
wenn Geben, Dankbarkeit, Geduld, Zärtlichkeit
und Güte unsere Art zu beten sind.

Wenn Liebe und Vergebung das Lied ist,
das wir täglich singen.
Jeder kann etwas bewirken,
wenn unsere Botschaft Liebe ist,
wenn unser ganzes Denken, Reden, Handeln
zum Geschenk der Liebe wird zu Gott.

Jeder kann etwas bewirken,
wenn unsere Botschaft Liebe ist,
wenn unser Leben nur auf Freude,
das Herz auf Frieden ausgerichtet ist.

Jeder kann etwas bewirken,
wenn unsere Botschaft Liebe ist.